© 2016 Michal Habaj(Universität der heiligen Cyrillus und Methodius Trnava)
Tomáš Klokner (Kleinkarpatische Museum Pezinok)

Rezensenten:
Doc. PhDr. Lubor Kysučan, Ph.D., Doc. PhDr. Pavol Valachovič, CSc.

Verlag: tredition GmbH, Hamburg

ISBN 978-3-7345-3598-7

Erste Auflage.
Auf dem Titelbaltt: Gustave Moreau, Hesiod und Muse, 1891.

Printed in Germany

Michal Habaj – Tomáš Klokner

IM SCHATTEN DER KLEIO

Die Schriften zur antiken Historiographie

Hamburg, 2016

INHALT

DIE VERBREITUNG DES BEGRIFFS „ANTIKE" IN BEZUG AUF DAS GRIECHISCH-RÖMISCHE ALTERTUM IN DER MITTELEUROPÄISCHEN GESCHICHTSSCHREIBUNG

Michal Habaj

Die Benennung einer historischen Epoche ist immer eine Sache des Konsenses. Der fragliche Begriff wird mit seiner Verwendung geformt, seine Definition jedoch wechselt gewöhnlich, indem ihn die Autoren je nach Bedarf oft den Anforderungen entsprechend adaptieren. In der vorliegenden Studie analysieren wir die Entwicklung eines dieser Begriffe - und das ist der Begriff „Antike". Das ist eines von zwei Zielen der vorliegenden Arbeit. Das zweite Ziel ist die Art und Weise zu beschreiben, wie sich der Begriff „Antike" in der deutschen, tschechischen und slowakischen Geschichtsschreibung verbreitet hat.

Weil der Begriff als Bezeichnung für das Zeitalter des griechisch-römischen Altertums zuerst in der deutschen Geschichtsschreibung aufgetaucht ist, werden wir folgendermaßen vorgehen: Zuallererst werden wir die Entstehung seiner Bedeutung in der deutschen Literatur analysieren, weil er in unterschiedlichen Belangen verwendet wurde und er schrittweise als Bezeichnung für die Epoche des griechisch-römischen Altertums zum Einsatz kam. Anschließend werden wir seine Verwendung in den Werken tschechischer Philologen im Zeitraum von den 80er Jahren des 19. Jahrhunderts bis zu den 30er Jahren des 20. Jahrhunderts untersuchen. Im letzten Teil versuchen wir zu skizzieren, auf welchen Wegen der Begriff über tschechische Historikerkreise in unsere slowakische Geschichtsschreibung gelangte.

Die Entwicklung in Deutschland

Im deutschen Sprachraum wurde man sich der Notwendigkeit, den Ursprung und die Genese des Begriffs „Antike" zu definieren, im Jahre 1951 im schweizerischen Neuenburg bewusst. Beim Treffen der klassischen Sprachwissenschafter stellte man sich dort zum ersten Mal die Frage, seit wann im Deutschen der Terminus *die Antike* zum Benennen eines Zeitalters verwendet wird? Die Beantwortung dieser Frage brauchte mehrere Jahre. Im Jahre 1957 erschien als Beilage des Jahresbericht des Berner Gymnasium die 60-seitige Studie von Walter Müri. *„Die Antike. Untersuchung über den Ursprung und die Entwicklung der Bezeichnung einer geschichtlichen Epoche."*[1]Müri hat dort eingehend die Entwicklung des Begriffs „Antike" in der deutschen Literatur analysiert. Er begann mit der Etablierung des Begriffs aus der französischen Literatur und endete mit dem Zeitraum des Ersten

---

[1]   Müri (1957).

Weltkriegs, als die *Antike* bereits die gesamte geschichtliche Epoche bezeichnete. Die Bedeutung dieser Studie wird verdeutlicht durch wiederholte Veröffentlichungen in den folgenden Jahren nach ihrer Herausgabe.[2] Zwei Jahre später wurde Müris Werk ergänzt durch die Studie von Walter Rüegg *„Antike" als Epochenbegriff*.[3]

Beide Studien verschaffen uns einen vollständigen Überblick über die Entwicklung des Begriffs *die Antike* wie auch bezüglich des Eigenschaftswortes *antik* in der deutschen Literatur. Wenn wir die Entwicklung in der deutschen Literatur verfolgen, so gehen wir von diesen beiden Studien aus, denn es wäre ineffizient die vorliegende Problematik ganz von Neuem zu untersuchen. Die Folgerichtigkeit der beiden Schweizer Autoren belegt auch der Umstand, dass sogar die Forscher in Deutschland sich nicht länger mit dieser Frage auseinanderzusetzen brauchten. Daher werden wir beide Werke lediglich mit eigenen Erkenntnissen und Beobachtungen ergänzen.

Der Ausdruck *die Antike* zur Benennung der geschichtlichen Epoche der griechisch- römischen Geschichte ist zwar in Deutschland

---

[2] Im Jahre 1958 erschien Müris Arbeit als Studie in der 7. Nummer der Zeitschrift *Antike und Abendland,* auf Seite 7 – 45 und 1976 in der Sammlung *Griechische Studien. Ausgewählte wort- und sachgeschichtliche Forschungen zur Antike*, herausgegeben von Eduard Vischer.

[3] Rüegg (1959).

aufgekommen, er war jedoch ins Deutsche über die französische Literatur eingeflossen. Die Franzosen hatten sich früher als die Deutschen von Latein abgewendet und mit dem Schreiben in ihrer nationalen Sprache begonnen. Bereits im 16. Jahrhundert erschien im Französischen *l'antique* als *chose antique* (*statue, vase, médaille*, usw.).[4]Der Begriff wird somit zum Bezeichnen für einen „alten" Kunstgegenstand eingesetzt - ob Statue, Vase oder Medaillon. Im 17. Jahrhundert stoßen wir auf *l'antiquite* als Bezeichnung für das Altertum. Das Wissen beschränkte sich jedoch strikt auf die Erkenntnisse, die aus literarischen Quellen stammen. Als im 18. Jahrhundert der Begriff auch in Deutschland auftauchte, veränderte er sich zeitgleich mit der Entwicklung von Forschung und Geschichtskenntnis. Er begann sich im Kreise der französischen Archäologen und Kunstwissenschafter zu verbreiten. Die einen wie die anderen trugen zu seiner Defination wie auch zur Verbreitung über den Rhein hinweg bei.

Unter den Archäologen stechen bezüglich ihres Einfluss vor allem Bernard de Montfaucon (1655 – 1741) und Graf de Caylus (1692 – 1765) hervor. Der Benediktiner Mountfacoun focusierte bei der Altertumsforschung seine Aufmerksamkeit auf materielle Quellen. Für seine Zeit geradezu revolutionär forschte er nicht nur mit Hilfe von Autoren des Altertums, sondern griff auch auf weitere Quellen wie

---

[4]   Huguet (1925).

Statuen, Reliefs, Inschriften und Medaillons zurück.[5] Montfaucon hat anhand der Denkmäler die Geschichte des Altertums nur skizziert, aber nicht zu Ende gezeichnet; er hat sich nicht bemüht, die Denkmäler selbst zu beurteilen und zu klassifizieren. Graf de Caylus hat das Interesse an den Denkmälern um diesen Schritt weitergeführt. In seiner Wiedergabe dienten sie nicht zur Illustration der Geschichte des Altertums, sondern sie selbst waren das Hauptziel seiner Arbeit. Seine sieben Bände *Recueil d'antiquité égyptiennes, étrusques, grecques, gauloises* propagierten die Verbindung des Begriffs *l'antiquité* mit der altertümlichen bildenden Kunst. Und gerade in dieser Form übernahmen die Deutschen den Begriff, wie er ihnen von Johann Joachim Winckelmann (1719 – 1768) vermittelt wurde.

Der Archäologe und Kunstwissenschafter Winckelmann beeinflusste ungewöhnlich stark eine ganze Generation Deutschlands.[6] In

---

[5] Mountfaucon weist im ersten Band seines Werkes *L'antiquité explicuée et représentée en figures* daraufhin: *„Ceux qui voudront désormais se rendre habiles dans tout ce qui regarde l'Antiquité, doivent commencer d'abord par ces monuments."* Zit. nach Müri (1957: 6).

[6] Gotthold Ephraim Lessing verwendete Winckelmanns Betonung des beschreibenden Gedichtstill als Anregung für die Verfassung eines der wichtigsten ästhetischen Dokumenten des 18. Jahrhunderts – *Laokoon oder über die Grenzen der Mahlerei und Poesie,* 1766. Winckelmann literarische Ehren erwiesen hat Johann Gottfried Herder in Gestalt seines

seinem ersten bedeutenden Werk *„Gedanken über die Nachahmung von griechischen Werken in der Malerei und Bildhauerei"* verwendete er vorwiegend den aus dem Französischen übernommenen und verdeutschten Ausdruck *die Antiquen* und das Eigenschaftswort *antique.* Er schöpfte vor allem aus dem bereits erwähnten Werk von Graf de Caylus.[7] Von diesem französischen Gelehrten übernahm er die Begriffsbedeutung *l'antiquité* welche er jedoch als *die Antiquität* ver-

---

Literaturdenkmals *Denkmal für Winckelmann,* 1777. Zu Winckelmanns idealisiertem Bild des antiken Griechenlands beigetragen hat Friedrich Schiller mit dem Gedicht *Die Götter Griechenlands,* 1788. An Winckelmann angeknüpft hat sich auch die Altertumsforschung, zu nennen wären ihre Hauptvertreter Christian Gottlob Heyne und Friedrich August Wolf. Das bekannteste Echo fand Winckelmanns Botschaft im Werk von Johann Wolfgang Goethe. Dieser hat Winckelmanns Einfluss auf sich und seine Zeitgenossen mit den Worten erfasst: *„Bei allen Tätigkeiten, welche die Kunst des Altertums betrafen, hatte jeder Winckelmann fest vor Augen, seine Fähigkeiten wurden in der Heimat mit großem Enthusiasmus anerkannt."* Zitiert nach Goethe (1983: 314).

[7]   Was auch ganz klar dokumentiert der Ausdruck *„die stille Grösseund edle Einfalt"* welcher verwendet wurde in Verbindung mit der antiken griechischen Kunst. Winckelmann (1986: 273). Mit ähnlichen Worten– *„maniére noble at simple du bel antique"* - hat bereits die Kunst des Altertums de Caylus charakterisiert in *Recueil d´Antiquités im Jahre* 1752, 2. Band, S. VIII.

---

deutschte, was wir anhand der nachfolgenden Beispiel beleuchten wollen. Nach seiner Ernennung zur Funktion eines römischen Kommissars für antike Denkmäler im Jahre 1763 - ein Amt mit dem offiziellen Titel „Sovritendente dell´Antichitá o sia Commissario della Antichitá della Camera Apostolica" - schrieb er: *„Ich kann also nunmehr mein Gezelt in diesem Lande der Menschenliebe aufschlagen, als der erste Deutsche, welcher hier das Haupt in die Antiquität erhoben hat."*[8] Die *Antiquität* bedeutet für Winckelmann - wie auch für seinen Vorgänger Caylus - vor allem die Welt des Altertums wie sie in erster Linie in den Werken der bildenden Kunst sichtbar war. Diese Bedeutung, welche Winckelmann dem Begriff durch seine Verwendung verliehen hat, hat sich in der deutschen Literatur niedergeschlagen, beispielsweise in Heynes Arbeit *Einleitung in das Studium der Antike oder Grundriss einer Anführung zur Kenntnis der alten Kunstwerke.* In Zusammenhang mit Winckelmann ist es nötig hinzuzufügen, dass er selber den Ausdruck nicht oft verwendet hat. In seinem berühmtesten Werk „Geschichte der Kunst des Altertums" hat er lediglich den Begriff *die Antiquen* verwendet - und das auch nur einmal. So eine geringe Frequenz kann damit erklärt werden, dass er seit 1755 in Rom lebte, wo er den Kontakt mit der französischen Literatur verlor bzw. sich ihrem Einfluss entzogen hat.

---

[8] Holtzhauer (1976: 43).

In Deutschland haben die Franzosen ihren Einfluss bewahren können. Ein Hinweis darauf ist die Verwendung des Begriffs. Der Rezensent von Winckelmanns *„Geschichte der Kunst des Altertums"* in der Zeitschrift *Bibliothek der schönen Wissenschaften* verwendet den Begriff *Antika* überall dort, wo ihm Winckelmann ausgewichen war. Sein Ausdruck *Werke der Alten* paraphrasiert er als *die Antiken* und jene Stelle, wo Winckelmann von der *„Schönheit alter Köpfe"* spricht übersetzt der Rezensent mit *„Ein antiker Kopf ist oft schöner."*[9] Die häufige Verwendung einer der Begriffsformen von *die Antike* ist nicht nur das Ergebnis des bereits erwähnten Einflusses französischer Archäologen, Winckelmanns oder der neuesten Entdeckungen in Herkulaneum und Pompei[10] Ungewöhnlichen Einfluss auf diesem Gebiet verzeichneten die Werke von Kunsttheoretikern. Im 17. Jahrhundert beeinflussten Deutschland Charles Le Brun (1619 – 1690), André Félibien (1619 – 1695), Charles Du Fresnoy (1611 – 1668) und weitere. Im 18. Jahrhundert beeinflusste die französische Forschung die deutsche Literatur durch weitere Persönlichkeiten wie Jean Baptiste Dubos (1670 – 1742), Claude – Henri Watelet (1718 – 1786), Étienne Falconet (1716 – 1791) und vor allem Roger de Piles (1635 – 1709). Der Letztgenannte beeinflusste Deutschland am stärksten mit seinen Werken

---

[9] Zitat laut Müri (1957: 9).

[10] Systematische Ausgrabungen begannen in Herkulaneum im Jahre 1738, in Pompei ab 1748.

Premiére Elémens de la Peinture pratique, Cours de Peinture par Prin-cipes a *L'Idée du Peintre parfait.* Für unsere Forschung besonders inte-ressant ist *Cours de Peinture par Principes* (weiter nur *Cours*). Wir sto-ßen hier auf eine doppelte Verwendung von *l'antique*. Die erste Be-deutung, für den er verwendet wurde, fasste die klassischen Kunst-werken des Altertums zusammen. De Piles definierte das folgender-maßen: *„Quique le mot l'antique, pris dans la force de son origine, signifie tout ce qui est ancien, on ne le prendra ici que pour les ouvra-ges de sculpture qui ont eté faits dans le siécles des grands hom-mes..."*[11] De Piles verstand jedoch den Begriff auch in seiner zweiten Bedeutung - und zwar im Wortsinn von Stil bzw. Sammlung äußerer Merkmalen von Kunstwerken des Altertums. *Cours* wurde 1760 ins Deutsche übersetzt; es haben sich dann beide Bedeutungsebenen etabliert. Eine Besonderheit ist, dass die Deutschen *l'antique* zuerst nicht als *die Antike,* sondern *das Antike* übersetzten. Somit sind meh-rere Möglichkeiten und Varianten, wie man den ursprünglich französi-schen Ausdruck *l'antique* schreiben konnte, entstanden.

Trotz der unterschiedlichen Spielarten der Verwendung blieb der Inhalt einheitlich. Den Verweis auf *l'antique* als eine Sammlung von Kunstdenkmälern des Altertums finden wir auch in weiteren Wer-ken. Ein Beispiel dafür ist das Werk des Hauptvertreters von de Piles

---

[11]   Zitat laut Müri (1957: 12).

Gedanken in Deutschland – Christian Ludwig von Hagedorn (1712 – 1780). Dieser äußerte in seiner Studie *Léttre a un amateur de la peinture avec de eclaircissements historique sur un cabinet et les auteurs des tableaux, qui le composent* (1755) bezüglich Antike: *„Votre goût pour l'Antique ne vous fera que plus estimer les Artistes Allemands, qui ne l'ont jamais perdu de vue. L'occasion de l'etudier á Dresde ... m'oblige d'en dire deux mots. On doit connoître les tresors de marbres antiques"*[12]

Die Beantwortung unserer anfänglichen Frage, wo denn der Begriff zum ersten Mal aufgetaucht sei, bleibt noch übrig. Müri datiert die Verwendung des Eigenschaftswortes *antik* für aus dem Altertum stammende Kunst auf die 50er Jahre des 18. Jahrhunderts.[13] Das Hauptwort *das Antike* zeigt sich zwischen 1750-1760. *Die Antike* wird im Deutschen von Hagedorn in den 60er Jahren des 18. Jahrhunderts erstmals verwendet und durchgesetzt. Noch im Jahre 1755 schrieb er*Léttre* auf Französisch, im Jahre 1762 können wir uns auf seine in Deutsch geschriebene *Betrachtungen über die Mahlerey*[14]stützen.Der

---

[12] Müri (1957: 18).

[13] Müri (1957: 14).

[14] Zum allerersten Mal tauchte der Begriff im Deutschen bereits ein Jahr zuvor auf, im Jahre 1761 in Hagedorns Artikel *Betrachtung über die Antike und die schöne Natur* in der Zeitschrift *Bibliothek der schönen Wissenschaften*. Der Artikel erschien ein Jahr später in der Monographie

Malerei widmete er ein volles Kapitel betitelt *Die Antike und die schöne Natur*. In der Einführung schreibt er: *„Die Antike soll uns lehren die Natur zu wählen, und die sogennanten idealischen Schönheiten zur Wirklichkeit bringen."* In einer Fußnote erklärt Hagedorn, woran er bei *die Antike* denkt: *„Man gibt wie bekannt, diesen Namen allen Werken der Mahler, Bildhauer, Giesser, Steinschneider und Baukünstler, die in Ägypten, Griechenland und Italien von der Zeit des macedonischen Alexanders bis auf den Einfall der die Werke der Kunst wütenden Gothen in Italien gemacht worden."*[15]Obwohl Hagedorn schreibt zwar, dass die Bedeutung des Ausdrucks bekannt sei, aber trotzdem erklärt er ihn, weil es eine Vielfalt an winzigen Bedeutungsdifferenzierungen gäbe. Selbige haben wir bereits skizziert. Der Begriffsinhalt laviert von der Benennung von Denkmälern der bildenden Kunst aus dem Altertum auf der einen Seite, und der Benennung eines konkreten Stils auf der anderen Seite. Hagedorn definiert in diesem Fall *Antike* als Sammlung von Kunstdenkmälern der bildenden Kunst aus der Periode, die von der Herrschaft Alexander des Großen bis zum Einfall der Goten in Italien reichte. Hagedorn verwendete zwar im Gegensatz zur vorhergehenden Periode nicht die Form *Antyk* oder *das Antike*, wohl aber *die*

Betrachtungen über die schöne Mahlerey als Kapitel *Die Antike und die schöne Natur.*

[15] Zitat nach Müri (1957: 19).

Antike, welche bereits in der modernen Fassung im Deutschen heutzutage verwendet wird.

Wir haben aufgezeigt, wie der Begriff *die Antike* im Deutschen aufgetaucht ist. Was aber nicht bedeutet, dass er sich sofort etablieren konnte, einige Autoren haben ihn aber doch verwendet. Im Jahre 1765 erschien er im Periodikum *Göttingische Anzeigen* und wurde vom klassischen Philologen Christian Gottlob Heyne (1729 – 1812) übernommen. Dieser hat zuerst den Begriff Winckelmanns *die Antiquität* verwendet. Als er 1763 eine Stelle an der Universität Göttingen bekam, schrieb er geradewegs an Winckelmann *"Meine Function erfordert nunmehr ein genaueres Studium der Antiquität von mir."* Beeinflusst von Hagedorn findet man bei ihm im Jahre 1777 Folgendes: *"Mein Amt macht mir das, was sonst unschuldige Liebhaberey gewesen seyn würde, zur Pflicht, die Antike so zu studieren, als sie ein gelehrter studieren kann."*[16] Heyne verbreitete Hagedorns Begriff unter den Gelehrten. Man hörte jedoch nicht auf, auch den Begriff *das Antike* zu verwenden. Während man *die Antike* jedoch mit der bildenden Kunst des Altertums verband, stand der Ausdruck *das Antike* hauptsächlich für den Kunststil des Altertums.

Jetzt versuchen wir nachzuweisen, wie sich der Inhalt als Bezeichnung für eine historische Epoche entwickelt hat. Winckelmann,

---

[16] Zitat nach Müri (1957: 22).

Hagedorn oder Heyne verknüpften - wie wir gesehen haben - den Ausdruck nicht nur mit dem griechisch-römischen Altertum, sondern auch mit dem Zeitalter Ägyptens[17]und begrenzten ihn dabei vorwiegend auf Kunstdenkmäler der bildenden Kunst. Diese Charakteristik begann sich mit dem Schaffen der Gebrüder Schlegel, und das vor allem mit Friedrich Schlegel (1772 – 1829), zu ändern. Dieser stützte sich beim Studium des Altertums nicht so sehr auf die bildende Kunst, sondern auf die Literatur - und in diesem Sinne verwendete er das Eigenschaftswort *antik. Antik* war für ihn alles, was die Kunst anbetraf und aus dem Altertum stammte. In seinen ersten Werken finden wir Verbindungen wie *antike Bildung, antike Individualität, antiker Rhytmus.*[18]Schlegel steht auch am Anfang der Begrenzung des Begriffs rein auf das griechisch-römische Altertum. Im Jahre 1797 begann er die

---

[17] Bereits vor Schlegel reihte man die ägyptische Kunst nicht ein. Adelung in seinen *Grammatisch – kritisches Wörterbuch des Hochdeutschen Mundart.* Unter dem Schlagwort *die Antike* finden wir: *„Antike, plur. Die -n, von den francözischen „antique", ein Ausdruck, welchen man in den neuen Zeiten eingeführet hat, diejenige Werke der bildenden Kunst zu bezeichnen, welche uns aus den schönen Zeiten Griechenlands und Roms noch übrig geblieben sind. Man nennet diese Überreste auch Altherthümer, obgleich dieses Wort von einem weit grösseren Umfange der Bedeutung ist."* Adelung (1793: 393).

[18] Siehe Schlegel (1906).

Wortverbindung *klassisches Altertum* zu benutzen,aus dem bereits die Kunst der Ägypter und Etrusker ausgeschieden ist. Diese Verbindung hat sich in der Praxis bewährt, wie die Arbeit von Wilhelm von Humboldt *Latium und Hellas oder Betrachtungen über das classische Alterthum* (1806) aufzeigt. Die Verbindung allein bewirkte jedoch noch keine Veränderung. Schlegel schuf ein Fundament dafür, dass *Antike* zur Bezeichnung für ein historisches Zeitalter wurde. Er selbst aber hat ihn in diesem Sinne ganz entschieden noch nicht verwendet.

Der Begriff *die Antike* war zweifelsfrei fest verbunden mit der Kunst, und das hauptsächlich und in erster Linie klassische Kunstwerke betreffend. Gerade diese beschäftigten seit der Zeit Winckelmanns die Forscher am meisten[19] Die weitere Verwendung des Begriffs hängt mit der Entwicklung der Altertumsforschung (*Alterthumswissenschaft*)zusammen. Die Forscher mit Friedrich August Wolf (1759 – 1824) an der Spitze hörten auf, die Kunst des Altertums nur bezüglich ihres ästhetischen Wertes zu betrachten, sondern berücksichtigten deren historischen Aussagewert.[20] Wenn wir gesagt haben, dass man

---

[19] Winckelmann ging in seinem Werk vor der Hauptthese aus: *„Der einzige Weg für uns, groß, ja, wenn es möglich ist, unnachahmlich zu werden, ist die Nachahmung der Alten."* – Winckelmann (1986: 91) schuf in Deutschland die Vorstellung, dass es allein die griechische Kunst ist, in deren Nachfolge die Kunst weitergeführt werden kann.

[20] *„Es wäre ungünstig den Inhalt der Studie zu verengen, so wie man das bei*

bis zu diesem Zeitpunkt *Antike* als Sammlung erstrangiger Kunstwerke definiert hat, so können wir ab jetzt das Wort „erstrangig" ausklammern.

Die Entwicklung in den ersten Jahrzehnten des 19. Jahrhunderts können wir somit wie folgt zusammenfassen: Wir finden in diesem Zeitabschnitt das Eigenschaftswort *antik* breit verwendet, dem wir die Wortverbindung *klassisches Altertum* zuordnen. Beide Formen repräsentieren die Kunst des griechisch-römischen Zeitalters, sie beziehen sich aber nicht mehr ausschließlich auf klassische Kunstdenkmäler, auch nicht nur auf die bildende Kunst. Das Hauptwort *die Antike* wird noch immer zur Benennung von Kunstwerkten verwendet, vor allem bei Statuen.[21]

Walter Müri sah eine endgültige Wende - wir können sagen die Umkrempelung des Begriffs *Antike* – von der Bezeichnung für die Kunst zur Bezeichnung der historischen Epoche in den 60er Jahren. In

---

der Bewertung der Wert der Kunstwerke des Altertums es jetzt tut, so man nur das klassische und schöne bewundert und alles andere den Händlern für Antiquitäten überlässt." Wolf (1833: 22).

[21] In diesem Wortsinn finden wir den Begriff auch in den 50er Jahren. In *Pierer`s Universallexikon* von 1857 finden wir *die Antike* definiert als: „...*ein Produkt der bildenden Kunst vorzüglich der Sculptur u. Malerei, aus dem klassischem Alterthum."* *Pierer`s Universallexikon.* Altenburg, 1857, Band 1, S. 559.

---

diesem Zeitraum entstand seiner Meinung nach die Begriffsbedeutung und in den 80er Jahren wurde er solcherart verbreitet. Seiner Meinung nach prägten Kunsthistoriker wie Jacob Burckhardt oder Heinrich Wölfflin den Wortsinn. Für diese ist es schon *die Antike*, nicht *das Antike* eine Epoche – wenngleich nur die Kulturgeschichte betreffend. Ein Hauptmerkmal dafür, dass der Begriff zur Bezeichnung einer Epoche wurde, war für Müri der Umstand, dass die Autoren den Begriff auf verschiedene Weise anführten oder chronologisch trennten. Damit erscheinen im Deutschen schrittweise Verbindungen wie *römische antike*,[22] *griechische antike*,[23] oder *spätantik*,[24] Die neue Bedeutung wurde von *Meyers Konversationlexikon* im Jahre 1874 aufgegriffen. Unter dem Stichwort *antik* findet man hier *„bezeichnet die klassischen Völker des Althertums, Griechen und Römer, sowie die Produkte ihrer staatlichen und kulturhistorischen Entwicklung. Es bildet darum einen Gegensatz zu der mittelalterlichen und modernen Weltanschauung, steht aber auch jenen Völkern des Alterthums, die zu dieser Entwicklung nicht gelangt waren, gegenüber. Die ganz römische und griechische Welt fasst man unter den Namen Antike zusammen.“*[25] Diese Definition versteht bereits das griechische-römische Altertum als histori-

---

[22] Wölfflin (1946: 51-71).

[23] Riegl (1908).

[24] Burckhardt (1868).

[25] Zitat nach Müri (1957: 55).

---

sche, nicht nur als eine kulturelle Epoche. Die Autoren verwendeten den Begriff nur selten, er hat sich laut Müri erst nach dem Ersten Weltkrieg verbreitet. Das belegen auch die Definitionen, die wir in Wörterbüchern finden. So definiert *Herders Konversations Lexikon* aus dem Jahre 1902 *die Antike* noch als *„Die gesamte antike bildende Kunst.“* Die 15. Ausgabe der Enzyklopädie *Der Grosse Brockhaus* definiert im Jahre 1928 *Antike* bereits als *„Die Gesamtheit der Lebensäusserungen aus der Griechen und Römerzeit.“*

Walter Rüegg sah bei der Entwicklung des Begriffsinhaltes zwei neue Momente: Als erstes erkannte er ganz richtig, dass Müri sehr wohl den Anfang der Verwendung des Begriffs *Antike* als eine Bezeichnung für eine historischen Periode auf die 60er Jahre des 19. Jahrhunderts angesetzt hatte, in seinem Werk jedoch habe Müri selbst gezeigt, dass es in dieser Zeit nur noch eine Kulturepoche bezeichnet hat. Dass er die neue Begriffsbedeutung von *Antike* in Bezug mit der Arbeit von Thadeusz Zieliński gestellt hatte, sei Rüeggs zweite wesentliche Neuerung. Der Russe Zieliński, ein klassischer Philologe, hatte seine Vorträge vor Maturanten der Petersburger Gymnasien in einer Schrift zusammengefasst, welche 1905 von E. Schoeler ins Deutsche übersetzt erschien - *Die Antike und wir*. Zieliński benutzte den Begriff für die Benennung einer Kulturepoche[26] ähnlich wie Autoren analoger

---

[26] Das belegt beispielsweise sein Zitat *„Lange, sehr lange war nur der Westen*

Artikel in jener Zeit,[27] jedoch war laut Rüegg bei ihm die Art und Weise wie er ihn verwendete innovativ. Beim flüchtigen Durchstudieren entsteht beim Leser leicht der Eindruck, dass Zieliński mit ihm ein historisches Zeitalter bezeichnet. Er verwendet ihn sehr oft und in unterschiedlicher Verbindung. Er spricht über die *Schätze der Antike*, verwendet regelmäßig die Vorwortverbindungen *in* oder *aus* der *Antike*. Die Begriffe führen zu Missverständnissen und rufen den Eindruck hervor, Zieliński spreche über ein historisches Zeitalter und nicht über eine Kulturetappe. Die Theorie von Rüegg unterstützt, dass der Begriff sich seit Schoelers Übersetzung immer öfter in seiner neuen Bedeutung in der Fachliteratur findet.[28] Rüegg führt weiter aus, dass er definitiv ab den 20er Jahren des 20. Jahrhunderts als Begriff für eine historische Epoche steht.

---

der Träger fortschrittlicher Ideen – jener Westen, der allein auch die Antike aufgenommen hat als Haupttriebkraft seiner Kultur." Zieliński (1921: 67).

[27] *Antike* tauchte ausschließlich im Sinne von Kultur des griechisch-römischen Altertums in den Artikeln von W. Lübke *Antike in der Renaissance* auf, erschienen in der Beilage von *Allgemeine Zeitung* 1883oder in der Arbeit von Kurtt Breysig *Letzter Wiedergeburt der Antike,* 1902.

[28] Bereits 1905 verwendete Eduard Stemplinger den Begriff in seiner neuen Bedeutung in der Studie *Martin Opitz und die Antike*, erschienen in *Blätter für das Gymnasialschulwesen* – Nr. 41 (1905).

Es bleibt der Beurteilung überlassen, wie groß die Rolle war, welche die Schrift Zielińskis für die Begriffsdefinition spielte. Wir neigen eher zur Annahme, dass er seinen Inhalt in der deutschen Literatur geändert hat je nachdem, auf was sich die Forschung zur gegebenen Zeit konzentrierte. In der Zeit nach Winckelmann ist es verständlich, dass er sich auf Statuen bzw. Werke der bildenden Kunst des Altertums bezog. Mit der Entstehung der *Altertumswissenschaft* erweitert sich auch der Umfang des Bereiches, auf den er sich bezieht. Ab den 60er Jahren des 19. Jahrhunderts überwog der Ausdruck *die Antike*, welche in den Werken der Kunsthistoriker die Kulturepoche des griechisch-römischen Altertum darstellte. Der Begriffsinhalt dehnte sich schrittweise insofern aus, dass er das gesamte historische Zeitalter umfasste. Diese Bedeutung wurde nach dem Ersten Weltkrieg üblich. Zu uns in die Slowakei gelangte er in diesem Sinne durch die tschechischen Historiker.

Die Entwicklung in Tschechien

Die Entwicklung der tschechischen Geschichtsschreibung hing eng mit der Entwicklung der deutschen Literatur zusammen. Dieses Charakteristikum bezieht sich auch auf die Alte Geschichte. Der Einfluss der deutschen Literatur in diesem Bereich belegt die verwendete Literatur, die man in den Werken vorfindet, die sich mit der Antikebeschäftigen,[29] gleichermaßen wie in der neuesten Literaturrezension in den seit 1873 erscheinenden *Listoch filologickýcha pedagogických* (Philologische und pädagogische Blätter).[30] Der deutsche Einfluss hat sich auch in der Terminologie durchgesetzt.

Wir haben erwähnt, dass in der deutschen Literatur der Begriff *Antike* die Dimension einer historischen Epoche in der zweiten

---

[29] Als einer der bedeutendsten, tschechischen klassischen Philologen befasst sich Josef Král mit der Antike in seiner Monographien *O tanci antickém*, oder *O scenerii řeckého divadla* wo als Quelle ausschließlich deutsch schreibende Autoren angeführt sind. In seiner ersten Schrift zitiert er Ludwig Friedländer *Darstellungen aus der Sittengeschichte Roms* von1871und das Werk von Christian Muff *Die chorische Technik des Sophokles* von 1877. In der zweiten Monographie nennt er 13 deutsch schreibende Autoren, drei Tschechen und einen Dänen. Bei den anderen Autoren war es nicht anders. Im Werk von František Velišský *Život Řeků a Římanů* von 1876 finden wir als Quelle bekannte deutsche Autoren wie Ludwig Friedländer, Theodor Mommsen oder Ernst Curtius.

[30] Als Beispiel zitiert ist der Jahrgang 1889, welchen wir ausgewählt haben, weil wir hier im Vergleich zu früheren Jahrgängen eine zahlreiche, im Ausland rezensierte Literatur vorfinden. Wir finden dort neun Rezensionen der deutschen Literatur, die der Antike gewidmet sind. Im Vergleich zur zweithäufigsten rezensierten ausländischen Literatur, das heisst die französische, in welcher wir Rezensionen von vier Werken finden. Somit ist klar, dass die deutsche Literatur vorherrschend war.

Hälfte des 19. Jahrhunderts gewonnen hatte, aber stärker noch in dieser Bedeutung erst nach dem Ersten Weltkrieg verwendet wurde. Eine ähnliche Entwicklung können wir auch in der tschechischen Literatur verfolgen. In den 70er Jahren des 19. Jahrhunderts haben die Tschechen den Begriff *Antike* jedoch noch nichtfür ein historisches Zeitalter verwendet. Ein Beispiel dafür ist die umfassende Synthesis von František Velišsky *Das Leben der Griechen und Römer.*[31]Der Autor gibt in seinem Vorwort an, eine wesentliche Hilfe beim Zuordnung der Arbeit sei die Monographie der deutschen Autoren Ernst Guhl und Wilhelm Koner *Das Leben der Griechen und Römer nach antiken Bildwerken* aus dem Jahre 1882 gewesen.[32]Velišský übernahm aus der deutschen Vorlage nicht nur die äußere Gliederung der Arbeit, sondern auch die Bedeutung des Eigenschaftswortes *antik*. Desgleichen verbanden Guhl und Koner den Begriff mit Werken der bildenden Kunst. Unterdessen spricht er beispielsweise über schriftliche Quellen als *Nachrichten über Altertümer,*[33] über den Ursprung seiner Illustrationen können wir aber nachlesen: *"Die meisten Abbildungen habe ich aus dem Londoner Verlag Longmans, Green & Co. aus dem Wörterbuch von Rich entnommen, dessen Werke getreu sind den Orginalen*

---

[31] Velišský (1876).

[32] Velišský (1876: VIII).

[33] Velišský (1876: IX).

der Antike."[34]Mit demEigenschaftswort *antik* bezeichnet er somit in diesem Fall Werke der bildenden Kunst aus dem griechisch-römischen Altertum. *Antike* zeigt sich hier als markanter Begriff, der sich nicht nur auf die Kulturgeschichte bezieht, sondern auch als im Rahmen von Kunststilen verwendeter Begriff nur den Bereich der bildenden Kunst spezifiziert.

In der kritischen Antwort von Josef Král auf Velišskys Arbeit treffen wir auf eine weitere Variante, wie sich die Autoren mit dem neuen Ausdruck auseinandergesetzt haben. In *Suum cuique. Antwort zur Verteidigung von „Das Leben der Griechen und Römer"* von 1878zeigteKrál mit gehörigem scharfen Witz auf, dass Velišský seine Arbeit *„Das Leben der Griechen und Römer"* abschrieben hatte, was Král mit den Worten *„die Wahrheit ist nicht seine untrennbare Gefähr-tin"*[35]kommentierte; aber was dafür wichtiger ist, ist dass man den Begriff in Form eines Eigenschaftswortes oder Hauptwortes dort nicht findet. Wenn Král über antike Autoren sprach, dann behalf er sich mit der Bezeichnung *„klassische Altertümer "*.

Wenn wir uns die 80er Jahre des 19. Jahrhunderts anschauen, dann stellen wir erneut fest, dass die Entwicklung der tschechischen Geschichtsschreibung mit der Entwicklung der deutschen Terminolo-

---

[34] Velišský (1876: IX).

[35] Král (1878: 33).

gie tatsächlich eng zusammenhing. Wie in Deutschland, so verwenden ihn auch in Tschechien die Autoren immer häufiger. Bereits in der nächsten Monographie von Král „*Über antike Tänze*"[36]aus dem Jahre 1884 finden wir den Begriff. Wir finden hier das Eigenschaftswort *antik* - und das gleich in mehreren Varianten. Král spricht von *antiken Dichtern,*[37] erwähnt *antike Dramen,*[38] *antikes Ballett*[39] und *antiken Tanz.*[40] Wenn wir zusammenzählen, wie oft Král das Eigenschaftswort verwendet, dann ergibt das bloß fünfmal; wichtig ist vielmehr, dass er den bislang wenig genutzten Begriff zu verwenden sucht. Die Tatsache, dass er ihn so selten benutzt illustriert gleichzeitig, dass sogar ihm nicht klar war, wo die Abgrenzung lag. Fließend vertauscht er ihn für *altertümlich* und *alt*. Es wird jedoch deutlich, dassin seinem Fall *antik* nur mit kulturellen Phänomenen der Griechen und Römer verbunden ist. Er spricht über ihre Gedichte, Dramen, Balette und Tänze. *Antike* ist somit noch nicht die Bezeichnung für ein historisches Zeitalter, aber ähnlich wie bei Burckhardt umfasst er nicht nur die bildende Kunst des griechisch-römischen Altertums, sondern dient auch zur Bezeichnung einer Kulturepoche. Wenn Král über die griechisch-römische Vergan-

---

[36] Král (1884).

[37] Král (1884: 10).

[38] Král (1884: 13).

[39] Král (1884: 26).

[40] Král (1884: 28).

genheit jenseits des kulturellen Rahmens spricht, so verwendete er das Eigenschaftswort *altertümlich*, fallweise spricht er über die *alten* Griechen und Römer. Beide Begriffe überschreiten somit inhaltlich den Ausdruck *antik*, welcher sich jedoch unversehens in der wissenschaftlichen Terminologie durchzusetzen begann.

Die Verwendung des Begriffs und seine inhaltliche Festlegung können wir in einer weiteren Arbeit von Král auf kulturhistorischem Gebiet verfolgen, und zwar in seiner Monographie *Über die Szenerie des griechischen Theaters*(1888).[41]Man kann nicht behaupten, dass er im Vergleich zur vorigen Arbeit begonnen habe, den Begriff hier öfters zu verwenden. Er benutzt ihn hier nur dreimal.[42] Auch wenn wir den Begriff wieder nur im Kontext von Kultur finden, können wir genauer verfolgen welches Zeitalter das Adjektiv hier umfasst. *Antik* ist hier für ihn nur das, was (als untrennbare Einheit mit der griechisch-römischen Kultur verbunden) aus der griechisch-römischer Kultur stammt, die eine untrennbare Einheit ist. Wenn er nur über die griechische Kultur spricht, verwendet er das Eigenschaftswort *„altgriechisch"*,[43] aber nicht *antik*. Das von uns beobachtete Eigenschaftswort verwendet er

---

[41] Král (1888).

[42] Er schrieb zweimal über *antike Dichter* auf S 19 und 20 und auf S 21 wieder in der Wortverbindung *antike Drama* verband er die Kultur der griechisch-römischen Zivilisation mit dem Begriff *antik*.

[43] Král (1888: 3).

---

sobald er sich mit der Kunst des gesamten griechisch-römischen Altertums beschäftigt.

Es ist aber notwendig festzustellen, dass bei Král im Vergleich zu anderen tschechischen Wissenschafter seiner Zeit *antik* ein breites Spektrum an Bereichen einbezog. Das können wir leicht einsehen bei seiner Rezension von Timotej Hrubýs Buch *Aus dem Leben antiker Dichter,* welches er 1889 in den *Philologische Blättern* veröffentlichte. Wo bisher Hrubý *antik* vor allem mit den frühzeitlichen griechischen und römischen Dichtern verknüpfte, verwendete Král den Begriff zur Kennzeichnung einer ganzen Kulturepoche. In einem Vermerk zu Hrubýs Werk schreibt er: *„Der Stil will gefällig, witzig und der modernen Leserschaft bei der Auslegung der antiken Dingen entgegenkommen."*[44] Bei *„antiken Dingen"* denkt er nicht nur an antike Dichter wie etwa Hrubý, sondern an das ganze Spektrum der griechisch-römischen Kultur.

Zwischenzeitlich ist in Deutschland 1905 die Übersetzung von Zielińskys Werk *Die Antike und wir* erschienen. Darüber berichtet haben auch tschechische Autoren. Bereits ein Jahr später, 1906 erschien in den *Philologische Blättern* zu Zielińskys Synthese eine Rezension von Otakar Jiráni.[45] Jiráni stellt in Kürze Zielińskys apologetische Schrift vor,

---

[44] Král (1889: 54).

[45] Erschienen im 33. Jahrgang der *Listů filologických* von 1906.

in welcher der Russe (der Antike gegenüber) die Bedeutung der Antike in der modernen Welt verteidigte. In seiner Rezension verstand Jiráni unter *Antike* vor allem die Literatur des Altertums, wie sie die klassische Philologie studierte. In seinem Fall ist die Begriffsbedeutung noch weit von einem historischen Zeitalter entfernt. Kurz nachdem die tschechischen Historikerkreise mit Zieliński Synthese bekannt gemacht wurden, wurde der Ausdruck weiterhin selten verwendet bzw. nicht verwendet. Selbst bei der Übersetzung von *Die Antike und wir* hat František Novotný 1910 den Titel mit *Die Alte Welt und wir* übersetzt -und sich damit der Verwendung des Begriffes entzogen.

Weitergekommen bei der Begriffsverwendung ist auch František Groh nicht in seiner *Topographie des alten Athens* vom Jahre 1909. Hier treffen wir auf drei Eigenschaftswörter, mit denen Groh das griechisch-römische Zeitalter bezeichnet: Die aus dem alten Athen stammenden Denkmäler bezeichnet er als „antik",[46], an anderer Stelle als „altertümlich"[47] und am häufigsten „alte".[48] Bei den Denkmälern verwendet er diese drei Ausdrücke ohne wesentliche Unterscheidung. Wenn er jedoch über Athen spricht, dann nur als „*altes*" Athen oder „*altertümliches*" Athen. Das Eigenschaftswort *antik* verwendet auch

---

[46] Groh (1909: 8).

[47] Groh (1909: 17).

[48] Groh (1909: 12).

Groh also nur in Verbindung mit Denkmälern der griechisch-römischen Kultur. Bei Groh lässt sich jedoch klar verfolgen, woher er den Ausdruck *antik* entliehen hat. Im Jahre 1874 eröffnete nämlich das deutsche archäologische Institut in Athen eine eigene Abteilung, welche die Berichte herausgab *Mitteilungen des Kaiserlich deutschen archäologischen Instituts, athenische Abteilung* an welche die Zeitschrift *Jahrbuch des Kaiserlich deutschen archäologischen Instituts* und vor allem die Zeitschrift *Antike Denkmäler* anknüpfte, auf Tschechisch *Antické památky,* welche Groh als eine seiner Quellen angibt.[49] Wir dürfen annehmen, dass sich Groh auf diesem Wege zum Begriff durchgearbeitet hat. Erverwendete das Eigenschaftswort *antik* sonst nicht, sondern nur in Verbindung mit Denkmälern. Die Zeitschrift *Antike Denkmäler* hat ihm somit einen wertvollen Impuls für die Einführung eines neuen Begriffs geboten.

Nicht nur das Eigenschaftswort *antik,* sondern auch das Hauptwort *Antike* finden wir jedoch in der gut durchdachten Arbeit *Mittelalterliche Diktion in Zusammenhang mit der Antike und der Renaissance* von Jan Bedřich Novák aus dem Jahre 1909. Die Arbeit hat bis heute nichts an Aktualität eingebüßt. Novák untersuchte den Einfluss der Antike auf die Kultur des Mittelalters. Er ging von der mittelalterlichen Diktion aus und bewies, dass die europäische Kultur den

---

[49] Groh (1909: 22).

Kontakt mit der Antike nie verloren hatte. Er beharrte auf der Annahme, dass die „antike Kultur nicht unterging mit dem Fall des römischen Reiches und dem Sieg des Christentums und als tot im Mittelalter hauptsächlich deshalb erschienen ist, weil ihrer weiteren Existenz nicht ausreichend Aufmerksamkeit gewidmet worden war."[50] Er bewies so Überblick und Eigenständigkeit in seinem Urteil, weil er sich gegen die populären Werke der deutschen Historiker Jacob Burckhardt[51] und Georg Voigt,[52] welche das Interesse an der Antike erst in die Renaissance verlegten. Die beiden Autoren selbst erwähnt er als Autoritäten, deren Werke er zweifelsfrei studiert hatte. Auch wenn er in seiner Arbeit über sie polemisiert – gerade beim Begriff Antike wird deutlich, dass sie ihn beeinflusst haben. Wie bei Burckhardt, so trägt auch bei Novák Antike vor allem eine kulturelle Dimension in sich. Dabei mag es erscheinen, dass er bei Novák bereits breiter angewendet wurde als bei Groh. Dieser spricht nur von antiken Denkmälern, Novák erwähnt schon die Antike. Man kann jedoch nicht behaupten, dass er den gesamten historischen Zeitabschnitt von Griechenland und Rom im Altertum so bezeichnete. Unter Antike verstand er eher die Gesamtheit der Werke der griechisch-römischen Kultur, welche erhalten geblieben

---

[50] Novák (1909: 2).

[51] Burckhardt (1868).

[52] Voigt (1893).

---

sind und die gemeinsam die weitere Entwicklung der europäischen Kultur beeinflusst haben.

An der Jahrhundertwende bezeichneten die Forscher somit weiterhin die historische Epoche von Griechenland und Rom als *„Altertum"*. Erst in den 20er Jahren des 20. Jahrhunderts können wir eine Ablösung vom bisherigen kulturellen Rahmen verfolgen. Das belegt beispielsweise die von František Novotný verwendete Terminologie in der Studie *Sozialistische Anstrengungen im alten Griechenland*[53] wo er *antik* als Synonym für altertümlich verwendet. Der Ausdruck wird bereits vermehrt verwendet, ein geeignetes Beispiel dafür ist die Arbeit von Jozef Král *Die römische Staatsordnung*,[54] welche erst nach seinem Tod 1921 erschienen ist und die der relativ jüngere Vladimír Groh aufgearbeitet und vorgestellt hat. Es ist interessant Grohs Terminologie in der Einleitung des Werkes mit dem eigentlichen Kern der Werkes, welches der um zwei Generationen ältere Král verfasst hatte, zu vergleichen.[55] Einige Arbeiten von Professor Král haben wir bereits erwähnt. Das Eigenschaftswort *antik* hat dieser abwechselnd oder gar nicht verwendet. Man kann sagen, dass er je nach Anlass reagierte - welche in diesem Falle die von den deutschen Historikern verwendete

---

[53] Novotný (1922).

[54] Král (1921).

[55] Professor Jozef Král lebte von1853 – 1917, Professor Vladimír Groh von 1895 – 1941.

Terminologie war. Groh hat ihn jedoch bereits verwendet,[56] Er reagiert auf *Antike* nichtwie auf einen neuen Anlass, sondern er nimmt ihn als fixen Bestandteil der existierenden Fach-Terminologie. Es sind also die Zwanzigerjahre, dass *Antike* in der wissenschaftlichen Terminologie heimisch wurde.

Auch der Begriffsinhalt im Sinne der historischen Epoche wurde standardisiert. Auf das Hauptwort *Antike* stoßen wir 1924 im Lehrbuch *Die Geschichte des Altertums* von František Hýbl,[57]Hýbl bietet in zwei Teilen einen Überblick über die gesamte Geschichte des Altertums. Wobei wir im ersten Teil, der dem Orient gewidmet ist, das Wort *Antike* nicht vorfinden, taucht er im zweiten Teil auf, nachdem die Geschichte der Griechen und auch der Römer erklärt worden war, und das ganz zum Schluss im Kapitel *Der Übergang von der Antike zum Mittelalter*. Hier korrespondiert *die Antike* nicht mehr nur mit dem materiellen Erbe des griechisch-römischen Altertums, sondern tritt als Bezeichnung einer historischen Epoche auf. Hier verkörpert *Antike* bereits die Welt der *„zwei entwickeltsten Nationen des Altertums – römisch was die politische, griechisch was die kulturelle Seite anbetrifft."*[58]

---

[56] Groh (1921).

[57] Hýbl (1924 – 25).

[58] Hýbl (1924-25: 278).

Bei Hýbl finden wir ebenfalls eine interessante Ansicht hinsichtlich des Endes der Antike, welches nicht im gesamten Mittelmeerraum zur selben Zeit eingesetzt hatte. Hýbl legte unterschiedliche Zeitpunkte für das Ende im Westen und im Osten fest. Im Westen fixiert Hýbl das Ende der Antike wie üblich auf 476 n. Chr. Das ist jenes Jahr, mit dem das Ende des Weströmischen Reiches festgelegt wird und nach diesem Datum war laut Hýbl alles *„Was danach kam, war nichts anderes als ein Dahinsterben von all dem, was die eigentliche Substanz der Antike gewesen war, und das Heranwachsen von neuen Formen, politisch wie auch kulturell."*[59] Für den Osten legt er das Ende der Antike mit dem Einfall der Araber im siebten Jahrhundert fest *„welcher dem Leben der dortigen Länder eine vom Geist der Antike völlig andersgeartete Prägung gab."*[60]

Die Antike in der slowakischen Geschichtsschreibung

Nach dem Ersten Weltkrieg und der Entstehung der Tschechoslowakei gelangte der Begriff mit Hilfe der tschechischen Historiker in die slowakische Terminologie. Diese Entwicklung ist auch deshalb logisch, weil seit der Gründung der Fakultät für Geisteswissenschaften an der Comenius Universität nur tschechische Professoren tätig waren. Als

---

[59] Hýbl (1924-25: 278).

[60] Hýbl (1924-25: 278).

Professor für die Geschichte des Altertums leitete der bereits erwähnte Vladimír Groh ein Geschichte-Seminar. Nach seiner Habilitation
wurde das Fach der Altertumsgeschichte von Vojtech Ondrouch übernommen, welcher hier bis zum Jahre 1950 wirkte. Von 1934 – 35 wirkte als Rektor der Universität der auf die klassische Sprachwissenschaft
spezialisierte Tscheche Antonín Kolář, der sich mit den unterschiedlichen Bereichen der antiken Geschichte befasste. Diese Professoren
prägten zweifelsfrei die Fachsprache ihrer Zuhörer, nicht nur mit ihren
Vorträgen,[61] sondern auch mit ihrer wissenschaftlichen Arbeiten. Wir
haben erwähnt, dass Groh die Monographie *„Die Staatsordnung des
römischen Reiches"* von Král vollendete, wo der Begriff *Antike* bereits
verwendet ist. Wichtiger sind jedoch die Werke, welche direkt in Bratislava herausgegeben wurden und zu denen die slowakischen Studenten leicht Zugang hatten. In Bratislava erschienen Artikel, aber auch
die Monographien von A. Kolář, in denen nicht nur das Eigenschaftswort *antik* verwendet wurde, sondern auch das Hauptwort *Antike*. Ein
Beispiel dafür sind seine Werke *Der Einfluss der Kulturen der Antike
auf die europäische Kultur,*[62] *Beziehungen des Kosmas zu der Anti-*

---

61 Kolář hielt bei seiner feierlichen Inauguration als Rektor an der UK am 7.
    12 1934 einen Vortrag, in dem *Antike* bereits als Epochenbegriff
    aufscheint. Siehe Kolář (1935).

62 Kolář (1923 – 24).

ke,[63]oder *Die soziale Frage im alten Griechenland und Rom.*[64].Das Eigenschaftswort *antik* finden wir in der zuletzt erwähnten MonographieKoláŕs in verschiedenen Verbindungen, egal ob es um Überschriften für Teilkapitel geht wie *„Der politische Kampf der Plebejer mit den Patriziern in der ersten Periode der Republik und der soziale Kampf des antiken Proletariats mit der römischen Oberschicht.",*[65] oder in den Wortverbindungen *„antike Welt"*[66] oder *„antike Zivilisation."*[67] Der Umfang dieser Verbindungen verbindet alle Lebensbereiche im Zeitalter der *Antike*. Die Absolutheit als Terminus zur Bezeichnung des griechisch-römischen Altertums belegt am besten Koláŕs Betrachtung über den Einfluss des Christentums auf die antike Welt. Hier spricht er, dass mit dem Christentum das Gleiche geschehen ist *„wie mit der griechisch-römischen Zivilisation, der Ausdehnung des römischen Imperiums in der gesamten antiken Welt: es wurde verallgemeinert, von seiner inneren Ernsthaftigkeit ging viel verloren, verflüchtigte sich, entweihte sich. So wie das Christentum die Antike beeinflusste, so beeinflusste die Antike das Christentum, die eine wurde verchristlicht, die andere wurde antikisiert. Das römische Imperium ist zwar untergegan-*

---

[63] Koláŕ (1924 – 25).

[64] Koláŕ (1927).

[65] Koláŕ (1927: 91).

[66] Koláŕ (1927: 113).

[67] Koláŕ (19271: 27).

gen, aber die antike Kultur ist nicht untergegangen, sondern ein Element lebte in veränderter Form noch lange weiter. Und eigentlich ging auch nicht das römische Imperium unter, noch weniger die Kirche, welche mit dem Christentum, welches zuletzt von der sterbenden Antike erschaffen wurde und die geistige Einheit des griechisch-römischen Altertums rettete und zum Erben im Mittelalter wurde.[68]Bei Kolář können wir *Antike* definieren als das Zeitalter der griechisch-römischen Geschichte, die geographisch übereinstimmt mit dem Römischen Imperium in seiner größten Ausdehnung.

Wir dürfen annehmen, dass neben der an der Universität laufenden Forschung, wo die tschechischen Historiker vorherrschten, zum Eindringen des Begriffs in die wissenschaftliche Terminologie wie auch in den Sprachgebrauch die landesweit gültigen Lehrbücher für Mittelschulen, die in Prag herausgegeben wurden, beigetragen haben. Im Jahre 1932 erschien das ungemein beliebte Geschichtsbuch für Mittelschulen aus der Werkstatt von Jozef Dobiáš und Jozef Šusta. Im ersten Band ihrer *Allgemeine Geschichte* mit dem Untertitel *Die Geschichte des Altertums und des frühen Mittelalters,*[69]welches 1937 von Cyril Charvát ins Slowakische übertragen wurde, ist der Begriff *Antike*

---

[68] Kolář (1927: 128).

[69] Dobiáš – Šusta (1932). Wir gehen von der ersten slowakischen Version von 1937 aus.

bereits fest verankert. *Antike* bedeutet hier die Geschichte der Griechen und Römer im Altertum. Die Schöpfer des Lehrbuchs erklären den Schülern den Begriff - wenn auch nicht direkt - beispielsweise anhand der chronologischen Einteilung des Mittelalters: *„Als Mittelalter bezeichnen wir das Zeitalter von zirka tausend Jahren – ab der Neige des 5. Jahrhunderts n. Chr. - welches das Altertum (Antike) von der neuen Zeit trennt."*[70]Den Begriff verwendeten die Autoren in Klammer, womit sie den Sprachschatz der Studenten, für welche das Lehrbuch ja bestimmt war, bereicherten. Wir können ihn bei dieser Einführung als Fremdwort bzw. als Fachausdruck verstehen anstelle der bis dann üblichen traditionellen Bezeichnung *altertümliches Griechenland und Rom*. Der Umstand, dass *Antike* gerade diese Epoche umfasst wird bereits klar ersichtlich bei den Worten: *„Das antike Zeitalter schuf die Einheit der hellenisch-römischen Bildung.*[71] Die griechisch-römische Kultur haben die Autoren somit nur als Bestandteil des antiken Zeitalters vorgestellt.

Da das Interesse an der Antike sich in der Slowakei nur langsam entwickelte, haben wir bis zum Ende des Zweiten Weltkriegs nicht viele Möglichkeiten die Verwendung des Begriffs direkt in der Literatur zu verfolgen. Die Historiker haben über den Begriff jedoch so viel sin-

---

[70] Dobiáš – Šusta (1932: 187).

[71] Dobiáš – Šusta (1932: 187).

niert, dass er sich im Sprachgebrauch etablieren konnte. Als eines von wenigen möglichen Beispielen dient uns das von Leopold und Margita Altus zusammengestellte und im Jahre 1943 erschienene Lehrbuch *Überblick über die Allgemeine Geschichte.* Bei der Geschichte des Altertums stützten sie sich auf die *Allgemeine Geschichte,* welche im Jahre 1921 vom Autorentrio Bidlo – Hýbl – Šusta zusammengestellt worden war. Im *Überblick* stoßen wir in der Geschichte des Altertums auf den Begriff *Antike* nicht. Die Autoren verwenden ihn erst im Kapitel, der dem europäischen Humanismus gewidmet ist; in einer der Charakterisierung lesen wir: *„Das Interesse an der Antike (Altertum) wurde vor allem durch die Werke der Dichtung und Philosophie erweckt."*[72]Die Autoren verwendeten den Ausdruck nicht ständig. Ein paar Zeilen weiter findet man nämlich beim humanistischen Gelehrten Ján Sambucus, dass er *„Werke der altertümlichen (antiken) Schriftsteller...."* herausgegeben hatte.[73]Auch wenn den Autoren nicht klar ist, welche Bezeichnung sie vorziehen sollen, ist der Begriff an sich ein Bestandteil ihrer Sprache.

Zum Abschluss können wir daher zusammenfassen, dass der Begriff *Antike* im Sprachgebrauch der slowakischen Historiker gleichzeitig mit dem beginnenden Interesse am griechisch-römischen Alter-

---

[72] Altus – Altusová (1943: 61).

[73] Altus – Altusová (1943: 62).

tum auftaucht. Wir skizzierten zwei Wege, auf denen der Begriff in unsere Literatur eingedrungen ist: Entweder direkt durch die in der Slowakei tätigen tschechischen Historikern auf universitärer Ebene, oder als zweite Möglichkeit haben wir skizziert die Bedeutung der in Prag produzierten Lehrbücher, die in der Slowakei genauso wie in Tschechien zur Grundlage der schulischen Bildung wurden. In die tschechische Geschichtsschreibung gelangte er wiederum über den Einfluss deutscher Historiker. Im Sinne der historischen Epoche des griechisch-römischen Altertums hat er sich in den Werken der Historiker in den 20er Jahren des 20. Jahrhunderts etabliert. Der Begriff an sich hat sich somit in Deutschland in der Umgebung der Kunsthistoriker etabliert. Im Sinne eines historischen Zeitabschnittes tauchte er in den 60er Jahren des 19. Jahrhunderts auf, im Sprachgebrauch setzte er sich in den 80er Jahren durch, nach dem Ersten Weltkrieg war er fest etabliert.

Bibliographie

Adelung. (1793). *Grammatisch – kritisches Wörterbuch des Hochdeut*

   *schen Mündart.*Leipzig, Band I.

Altus, L. – Altusová, M. (1943). *Prehľad všeobecných dejín.* Band I.

Burckhard, J. (1868). *Geschichte der Renaissance in Italien.* Stuttgart.

Dobiáš, J. – Šusta, J. (1932). *Všeobecní dějepis. Dějiny starého věku a raného stredověku.* Praha.

Goethe, J. W. (1983). Sämtliche Werke. Hamburg, Band. IX,

Groh, F. (1909). *Topografie starých Athén.* Praha.

Groh, V. (1921). (Einleitung) in Král (1921).

Holtzhauer, H. (1976). (einführende Studie) In Winckelmann, Johann Joachim. *Werke in einem Band.* Berlin.

Huguet, E. (1925). *Dictionnaire de la langue française du XVIe siécle.* Paris, zv I.

Hýbl, F. (1924-25). *Dějiny starého věku.* I. - II. Praha.

Kolář, A. (1923-24). *Působení kultury antické na kulturu evropskou.* Bratislava – Turč. Sv. Martin.

Kolář, A. (1924-25). *Kosmovi vztahy k antice.* Bratislava – Turč. Sv Martin.

Kolář, A. (1927). *Sociální otázka v starém Řecku a Římě.* Bratislava.

Kolář, A. (1935). *Demokracie antická a moderní.* Bratislava.

Král, J. (1878). *Suum Cuique.* Prag.

Král, J. (1884). *O tanci antickém.* Prag.

Král, J. (1888). *O scenerii řeckého divadla.* Prag.

Král, J. (1889). Ze života básníků antických.(T. Hrubý). In *Filologické*

*listy.*Jahrgang 16.

Král, J. (1921). *Státní zřízení římské.* Prag, 1921.

Müri, W. (1957). *Die Antike. Untersuchung über den Ursprung und die*

Entwicklung der

Bezeichnung einer geschichtlichen Epoche. Beilage zum Jahresbericht über des städtische Gymnasium in Bern. Bern.

Novák, J. B. (1909). *Středověká diktamina v souvislosti s antikou a re*

naissancí. Praha.

Novotný, F. (1922). *Socialistické snahy ve starém Řecku.* Praha.

Riegl, A. (1908). *Die Entstehung der Barockkunst in Rom.* Praha.

Rüegg, W. (1959). „Antike" als Epochenbegriff. In *Museum Helveticum.*

16, 309 – 318.

Schlegel, F. (1906). *Seine prosaische Jugendschriften.* Wien.

Velišský, F. (1876). *Život Řeků a Římanů.* Praha.

Voigt, G. (1893). *Die Wiedererlebung des classischen Alterthums.* Ber

lin.

Winckelmann, J. J. (1986). *Die Geschichte der Kunst des Altertums.*

    Prag.

Wolf, F. A. (1833). *Darstellung der Alterthumswissenschaft nach Be*

    griff, Umfang, Zweck und Werth. Leipzig.

Wölfflin, H. (1946). Der antike Triumphbogen. In J. Gantner, Jozef.

    (Hrsg.). *Wölfflin,*

    Heinrich. Kleine Schriften. Basel.

Zieliński, T. (1921). *Antike und wir.* Leipzig, 5. Auflage.

DAS ECHO AUF HERODOT IN DER ANTIKE

Michal Habaj

Aus dem Werk des griechischen Historikers Herodot (gestorben um 420 v. Chr.) schöpfen die Historiker seit der Niederschrift seiner *Historien* bis heute. Zweifellos zählt er zu den am meisten zitierten Historikern der Geschichtsschreibung. Neben Anleihen bezüglich Fakten und Daten übernahmen von ihm Historiker, Geographen und Etnographen mehrere methodische Verfahren, Schriftsteller literarische Vorlagen und Künstler Themen zur Bearbeitung. Das Werk Herodots stieß auch auf beispiellose Kritik. Dieser doppelte Zugang, der zwischen Akzeptanz und Ablehnung pendelte, wurzelt in seiner Rezeption in der antiken Literatur. Gerade diesen Schlüsselpunkt, was die damalige Akzeptanz von Herodot betrifft, werden wir anvisieren. In mehreren Abschnitten wollen wir beleuchten, wie die Stellung Herodots in den einzelnen Abschnitten der kulturellen Entwicklung in der Antike aussah. Dabei konzentrieren wir uns auf einige Fragen. Uns interessiert dabei a) in welchem Ausmaß war Herodot in den einzelnen Phasen des griechisch-römischen Altertums bekannt und gelesen; b) welche antike Autoren haben sein Werk verwendet; c) was war die Einstellung der antiken Autoren in den einzelnen Zeitabschnitten; d) was beeinflusste ihre Einstellung?

Zum Thema der Rezeption von Herodot in der Antike sind bereits mehrere grundlegende Werke erschienen. Die Rezeption von Herodots Werk im klassischen Altertum hat Felix Jacoby im zweiten Nachtrag in der *Realencyclopädie der klassischen Wissenschaften* betitelt *Herodotus*[74]analysiert. Dieses ist ein thematisches Standardwerk, von dem dann weitere Autoren ausgegangen sind. Jacoby hat darin vor allem den Einfluss von Herodot auf die Autoren des vierten Jahrhunderts v. Chr. analysiert. Ein wichtiger thematischer Beitrag ist das Werk von Karl August Riemann *Das herodoteische Geschichtswerk in der Antike.*[75]Riemann hat sich jedoch nur auf das zweite Jahrhundert konzentriert; den Zeitabschnitt des römischen Kaisertums untersuchte er ausschließlich hinsichtlich der Literaturkritik und ließ die Akzeptanz von Herodots Werk seitens der Geschichtsschreibung unbeachtet. Ebensfalls die Bedeutung Herodots im Altertum untersucht hat Simon Hornblower in der Studie *Herodotus' influence in antiquity.*[76]Der Kern seiner Arbeit begrenzt sich jedoch auf das dritte Jahrhundert. Herodots Bedeutung in der hellenistischen Kultur tiefer analysiert hat Oswyn Murray in seiner Arbeit *Herodotus and hellenistic culture.*[77]

---

[74] Jacoby (1913).

[75] Riemann (1967).

[76] Hornblower (2006).

[77] Murray (1972).

Die vorliegende Arbeit verbindet bereits gewonnene Erkenntnisse mit einer eigenständigen Quellenanalyse. Im Vergleich zu den erwähnten Autoren widmen wir uns Herodot nicht ausschließlich bis zum dritten Jahrhundert n. Chr. als die Kenntnis der griechischen Sprache im Weströmischen Reich zurückging, wir verfolgen seinen Einfluss bis zum Ende der Spätantike im siebten Jahrhundert. Wir konzentrieren uns nicht auf irgendeinen konkreten Bereich der antiken Literatur, sondern auf alle Bereiche, damit wir möglichst genau das Ausmaß von Herodots Bekanntheit und Gelesenwerdens bestimmen können.

Diese Arbeit besteht nicht nur aus der Analyse antiker Autoren, welche Herodot zitiert haben, sondern die ihn analysiert haben. Oft ist es bei so einer Art von Forschung unumgänglich, eine vergleichende Methodik anzuwenden, wo doch die antiken Historiker gewohnt waren, nicht nur Informationen, sondern oft auch den Text ohne Autorenangabe übernahmen. Besonders wertvolle Information über Herodots Stellung in der Literatur und der Grad des Gelesenwerdens liefern paradoxerweise seine Kritiker. Gerade das Ausmaß, die Intensität und Einstellungen verraten mehr als einmal in welchem Maße und wie weitgehend sein Werk bekannt war und angenommen wurde.

Herodot im fünften und vierten Jahrhundert v. Chr.

Der Ruhm von Herodots Werk begann sich im Altertum bereits zu seinen Lebzeiten zu verbreiten. Die griechischen Siege über die Perser waren ein verlockender Anlass. Insbesondere in Athen, wo Herodot wirkte, gewannen seine Erzählungen eine große und verständliche Beliebtheit. Die Athener haben ihn für seine *Historien*, welche die Verdienste Athens während der griechisch-persischen Kriegen verherrlichte und hiermit ihre führende Stellung in der griechischen Welt legitimierten, auch entsprechend belohnt.[78]

Die einzelnen Abschnitte seines Werkes hat Herodot in Etappen vorgetragen, höchst wahrscheinlich so auch niedergeschrieben.[79] Laut Lukian hat er sich dazu die Anlässe, bei denen er sie vorgetragen hat, sorgfältig ausgesucht, damit ein möglichst breites Echo erzielt werden konnte. Ausgezeichnete Möglichkeit boten ihm dazu vor allem die Olympischen Spiele, wo er "...*das Wort in jenem Augenblick ergriff, als die versammelten Zuhörer am zahlreichsten waren und jede Stadt die Blüte ihrer Bürger geschickt hatte. Dann tauchte er in der Tempelhalle auf und war dabei gar nicht so bemüht die Spiele zu sehen, sondern*

---

[78] Der Preis für die *Historien* wird erwähnt bei Luciano Canfora, welcher von der erhalten gebliebenen Tradition bei Diyllos und Eusebius ausging. Canfora (2009: 262).

[79] Canfora (2009: 259).

versuchte einen olympischen Sieg für sich selbst zu erringen. Er rezitierte seine Geschichte und verzauberte seine Zuhörer. (...) Augenblicklich wurde er überall bekannt, und das mehr als die Olympiasieger. Es gab keinen Menschen, der seinen Namen nicht gekannt hätte. Entweder haben sie ihn in Olympia gehört, oder sie haben über ihn von jenen erfahren, die dort gewesen waren. Es reichte, dass er sich wo zeigte und man deutete mit dem Finger auf ihn. „Dort ist der große Herodot, der die Persischen Kriege auf Ionisch geschrieben und unsere Siege gefeiert hat."[80] Zudem hat sich Herodot das geeignete Wirkungsfeld gewählt. Er ist nämlich in das reiche Athen übersiedelt, welches das zeitgenösssische Zentrum der literarischen Kultur darstellte. Literarische Werke wurden in Athen abgeschrieben und in den Rest der griechischen Welt exportiert.[81] Auch wurden die *Historien* im richtigen Augenblick verfasst. Obwohl die Griechen bereits seit drei Jahrhunderten über ihre eigene Schrift verfügten, ist erst zur Lebenszeit von Herodot eine neue Ära angebrochen, welche sich durch die Verbreitung schriftlicher Texte auszeichnete. Kurz nachdem sein Werk publiziert wurde, eröffnete sich die Chance, dieses in verschiedene Gegenden Groß-Griechenland zu verbreiten.[82] Es ist wahrscheinlich, dass sie auch in Süditalien aufgetaucht sind - in Thurioi, wo Herodot ab 443 v.

---

[80] Fowler - Fowler. (1905: 92).

[81] Easterling – Kenney (1983: 10).

[82] Rösler (2002: 79).

Chr wohnte. Zweifelsohne hat sich sein Werk am schnellsten in den zu Athen gehörenden Gebieten verbreitet. Wir können uns gut vorstellen, dass die Athener es zur Legitimierung ihrer Führungsrolle und als wirkungsvolles Propagandamittel zu nutzen wussten.

Es herrschen jedoch Zweifel über den Zeitpunkt, an dem die *Historien* fertiggestellt wurden. Das Datum würde uns helfen, genauer festlegen zu können, ab wann das Werk in seiner literarischen Fassung verbreitet wurde. Es wird angenommen, dass die schriftliche Fassung irgendwann zu Beginn des Peleponesischen Krieges erschienen ist, zirka um 425 v. Chr.[83] Herodot wurde allem Anschein nach zur Niederschrift der *Historien* anlässlich des Krieges zwischen Athen und Sparta angehalten, weil er da ja nicht reisen und vorlesen konnte. Zur Niederschrift könnte es auch auf politische Bestellung hin gekommen sein, weil die *Historien* ein Bestandteil im ideologischen Ringen waren, welches zweifelsfrei auch zum Peleponesischen Krieg gehörte. Während in diesem Wettstreit die Spartaner ihre Bemühungen als Befreiung Griechenlands von der Macht Athens betonten, konnten die Athener sich vermittels der *Historien* auf ihre Verdienste während der Grie-

---

[83] Easterling – Kenney (1983: 427). Das Datum der definitiven Konzeption des Werkes ist jedoch unbekannt. Beispielsweise hat es Charles Fornara auf 414 n. Chr. angesetzt. Fornara (1971: 25). Mit Sicherheit können wir nur soviel sagen, dass die *Historien* während des Peleponesischen Krieges niedergeschrieben wurden.

chisch-persischen Kriege berufen. Den propagandistische Hauch in Herodots Werk verrät schlussendlich auch jener Umstand, dass die *Historien* rund ein Jahr früher entstanden als der Athener Flottenverband gegründet wurde und Herodot mit Nachdruck hervorhebt, dass bisher die Peloponesier bereit waren in den persischen Kriegen vor den Barbaren zurückzuweichen, aber die Athener für die Freiheit der Griechen kämpften.[84] Diese Argumention führt uns zur Schlussfolgerung, dass es in der Anfangsphase des Peleponesischen Krieges zur Niederschrift der *Historien* gekommen ist.

Herodots Zeitgenossen im fünften Jahrhundert v. Chr. kannten augenscheinlich sein Werk vor allem aus Vorträgen, welche jedoch zumindest teilweise auch in schriftlicher Form erscheinen konnten. Wer von ihnen das Gesamtwerk kannte, wissen wir nicht.[85] Wenngleich Zitate oder Nachrichten mit Herodots Namen erst nach seinem

---

[84] Hdt. 9. 106.

[85] Stewart Flory hat in seiner Studie *Who read Herodotus' Histories?* angenommen, dass anfangs seine Geschichte nicht so ein Echo hatte wie generell angenommen wird, weil sie zu lang waren und die Lesekenntnis nicht sehr verbreitet war. In *The American Journal of Philology,* 1980, roč. 101, č. 1, s. 12 – 28. Auch wenn Florys Annahme richtig wäre, würde das nichts daran ändern, dass sein Werk unter den Gebildeten zur Gänze bekannt war.

Tode auftauchten,[86] können wir seinen Einfluss in diesem Zeitraum nur vergleichend nachweisen. Es gibt Indizien, dass unter den Autoren des fünften Jahrhunderts – also den Zeitgenossen Herodots – einige daraus Anregungen entnommen haben: Sophokles für *Antigone,*[87] Euripides ließ sich inspieren bei *Elektra, Helena* und *Ifigenie in Tauris.*[88] Aristophanes interessierten Herodots Beschreibungen von Tyrannen wie Kambyses, Periandros oder Polykrates. Die höchste Konzentration von Merkmalen, die auf das Werk Herodots hinweisen, finden wir im Drama *DieVögel.*[89]

---

[86] Das gilt nicht allgemein, z.B. Xenophon, oder Diodoros von Sizilien hatten daraus entnommen ohne dass er erwähnt wurde, Hornblower (2006: 310).

[87] Sophokles und Herorodot waren befreundet und deshalb darf man annehmen, dass sie recht gut die Werke des anderen kannten. Recht klar reflektiert dies der Abschnitt in Antigone (in 905), wo Antigones Worte in den Mund von Intaphernes Ehefrau gelegt werden (Hdt. 3.119). Nach Hans Schmeja gehört diese Passage nicht zum Werk, weil sie dieses eher beeinträchtigen. Schmeja (1965: 207). Sophokles jedoch hat diese Passage genutzt, wodurch erkennbar wird, dass er Herodot als ein geeignetes, inspirierendes Vorbild ansah.

[88] Fornara (1971: 31).

[89] Hornblower (2006: 307).

Die athener Dramendichter haben Herodot, als er seine *Historien* schrieb, verständlicherweise nicht als Konkurrenten angesehen. In einer ganz anderen Lage befanden sich die Historiker. Man kann sich das leicht vorstellen - wer auch immer nach Herodot ein Geschichtswerk schreiben wollte, musste damit rechnen mit diesem verglichen zu werden.

Gerade in solch einer Lage befand sich Herodots jüngerer Zeitgenosse Thukydides (zirka 460 – 395 v. Chr.). Dabei ist nicht klar, ob er Herodots Werk bereits in seiner schriftlichen Fassung, oder nur aus Vorträgen kannte. Zumindest dann, als er sich anschickte an seiner Geschichte zu arbeiten, konnte er Herodot nur aus Vorträgen kennen, gegebenenfalls teilweise als Abschrift. Dies geht bereits aus der Einleitung von Thukydides erstem Buch hervor. Dort behauptet Thukydides, er habe mit der Geschichte nach dem Ausbruch des Krieges zwischen Athenern und Spartanern[90] begonnen - also zu einem Zeitpunkt als Herodots *Historien* noch nicht vollendet waren. Auf jeden Fall hinterließ Herodot bei Thukydides einen tiefen Eindruck.[91] Mit dem Werk seines Vorgängers musste er sich abfinden - und insofern er selbst

---

[90] Thuc. 1. 1.

[91] Hornblower (2006: 308). Laut Canfora hatte Thukydides ursprünglich den Plan, das Werk Herodots fortzuführen. Er wollte die Stellen verbessern und ergänzen, welche vor ihm die anderen Historiker ausgelassen hatten (Thuc. 1. 97).

Erfolg haben wollte, musst er sich vom anderen deutlich unterscheiden.

Thukydides lebte zur Zeit des Peloponesischen Krieges, daher war der Hauptgegenstand seiner Geschichte der andauernde Krieg. Weil aber auch in Herodots Werk der Krieg die Hauptrolle spielte, wollte Thukydides beweisen, dass jener, den er zu beschreiben unternahm, der bedeutendere wäre. Deshalb verkündete er am Anfang seines Werkes stolz: *"Was diesen Krieg anbetrifft, kann man Leuten, die über ein gesundes Urteilsvermögen verfügen, aufgrund von Fakten beweisen, dass er von viel größerer Bedeutung war als die vorhergehenden Kriege"*.[92] Das reichte Thukydides zum Übertrumpfen von Herodot noch nicht. Er wollte sich nicht nur vom Inhalt her klar unterscheiden, sondern auch in der Methodologie und letztlich beim Wert des Werkes. Die Unterschiedlichkeit wird von ihm betont. Er nennt dabei Herodot nicht direkt, spricht scheinbar nur im allgemeinen. Nach der Charakteristik der Autoren, von denen er sich distanziert, ist es jedoch offenkundig, dass er dabei vor allem den Historiker aus Halikarnass meint. Herodot gründete nämlich seine *Historien* vor allem auf Informationen, die ihm mündlich zugetragen wurden. Über diese Methode schreibt Thukydides: *"Solange es um Gesprochenes geht, kann man sich nicht genau erinnern, und es wäre auch nicht möglich*

---

[92] Thuc. 1. 21.

sich den Sinn zu merken, wahrheitsgetreu könnte ich auch nicht jene Reden, die ich persönlich gehört habe, auch nicht jene, über die ich von anderen hörte (...) weitergeben. Was diesen Krieg anbetrifft, setzte ich nicht voraus, dass es notwendig sei zu berichten, was ich zuerst über die Geschehnisse vom Erstbesten, den ich getroffen habe, erfahren habe oder wie ich sie mir selber vorgestellt habe, sondern ich habe über die Geschehnisse berichtet, die ich selbst erlebt habe und oder über solche, von denen ich glaubwürdige Nachrichten von anderen erhalten habe. Die Wahrheit zu enthüllen hat viel Mühe gemacht, weil die direkten Teilnehmer über die verschiedenen Vorkommnisse nicht in gleicher Weise erzählt haben."[93] Das Ziel seines Geschichtewerks definiert er weiter mit den Worten: "*Es mag erscheinen, dass meine Schilderung der Geschehnisse nicht unterhaltsam ist, weil sie keinem Mythos ähneln, aber es genügt, wenn jene darin Nützliches finden, welche die Wahrheit suchen, in vergangenen Vorkommnissen wie in künftigen. (...) Schließlich habe ich die Geschichte geschrieben als ein Gut für ewige Zeiten, nicht als eine schöne Rethorikübung bestimmt für einmaliges Anhören.*"[94] Wie Thukydides ein bedeutendes Geschichtswerk definiert, ist im wesentlichen eine Ablehnung Herodots als Historiker. Er tat dies verständlicherweise mit dem Bemühen, seine eigene Originalität zu unterstreichen. Thukydides wollte sich nicht nur von seinem

---

[93] Thuc. 1. 22.

[94] Thuc. 1. 22.

Vorgänger abheben, sondern er hat diesen in der Welt der Intellektuellen im Altertum als „Schönfärber" kanonisiert, welcher nicht das Ziel verfolgte den Lesern die Wahrheit zu berichten - damit sie daraus eine Lehre ziehen, sondern er habe Mythen und oft auch Lügen verbreitet, damit sie sich daran ergötzen konnten. Das war ein hartes Urteil, dass bis in die Neuzeit anhielt.

Thukydides Einstellung war sicher ein hartes Urteil eines Zeitgenossen, aber die Anerkennung und der Ruhm, welche ihm von späteren Generationen erwiesen wurde, belegen, dass Thukydides´ Kritik gewiss nicht bewirken konnte, dass Herodots Werk in Vergessenheit geriet. Schlussendlich hat auch Thukydides an ihn angeknüpft. Die Forschung der vergangenen Jahre enthüllte mehrere thematische und lexikalische Punkte, wo Thukydides aus dem Werk seines Vorgängers geschöpft hatte.[95]Die Anknüpfung ist auch nachweisbar bei einigen seiner „herodoteischen" Exkurse.[96]Aber es war nicht bloß Thukydides, welcher unter den Historikern jener Zeit Herodot gekannt hatte und beeinflusst worden war. Laut Jacoby schuf er sogar ein ganzes Genre der Lokalgeschichte,[97] dem dutzende Historiker des fünften Jahrhunderts nachfolgten.[98]

---

[95] Über die Stellen, wo Thukydides auf Herodot zurückgegriffen hat, siehe Rogkotis (2006: 57 – 87).

[96] Thuc. 5. 65 oder auch 4. 54.

[97] Hornblower (2006: 309).

Im vierten Jahrhundert ist Herodots Autorität klarerweise nicht geschwunden. Dies ist auch daran ersichtlich, dass die Historiker sich damit abfinden mussten - ähnlich wie Thukydides im fünften Jahrhundert. Ihre eigene Originalität und Glaubwürdigkeit suchten sie weiterhin durch Zweifel an der Glaubwürdigkeit Herodots hervorzustreichen. Ktesias von Knidos (gestorben nach 398 v. Chr.) hat Herodot als Lügner bezeichnet[99] aber zugleich nützte er ihn als Lösung. Ein Beispiel dafür ist Ktesias Beschreibung von Semiramis Expedition nach Indien.[100] Die zurückweichenden Inder lockten Semiramis tief ins Innere ihres Gebietes - was an Herodots Schilderung hinsichtlich der Taktik

---

[98] Einer dieser Historiker war vermutlich Antiochos aus Syrakus, der seine Werke mit Herodots Erzählungen über die Griechen auf Sizilien ergänzen wollte. Hornblower meint, dass er an Herodot angeknüpft habe durch die Verwendung des Ionischen, wo man doch in Syrakus das Dorische verwendete.

[99] Photios, der das gesamte Werk von Ktesias kannte, schrieb darüber: *„Er erzählte Ereignisse, welche in fast allen Punkten jenem des Herodots widersprechen, letztlich ihn an vielen Stellen wie einen Lügner darstellen und ihn beschuldigt, dass er ein Märchenerzähler sei."* Ctes.T8. An anderer Stelle spricht er davon, dass er *„Hellanik und Herodot ablehnte, welche er der Lüge bezichtigte."* Ctes. F 16.

[100] Diod. 18. 3-5.

der Skythen gegen die Perser im Jahre 513 v. Chr. erinnert.[101] Auch das Ende des Kriegszugs erinnert an Herodots *Historien*, als Semiramis ähnlich wie zuvor Dareios einen Großteil des Heeres verloren hat[102] Ktesias war jedoch nicht von Herodots Material abhängig. Eine gewisse Zeitlang hatter er am persischen Hof als Arzt gewirkt und hatte somit Gelegenheit auf die dortige Tradition zurückzugreifen wie auch auf Erkenntnisse bei der Autopsie. Wir wissen, selbst Herodot hat darüber berichtet,[103] dass die Perser betreffend die eigene Geschichte teils verwirrt waren, weil über einzelne historische Ereignisse unterschiedliche Versionen kursierten. Ktesias wollte ein eigenständiges Werk schreiben, und deshalb griff er auf andere Versionen der Ereignisse zurück als dies Herodot getan hatte. Nur auf diese Weise konnte er für sein Werk die Aufmerksamkeit der Leserschaft sichern. Wenn er also bei seinem Werk auf Ereignisse stieß, die bereits von Herodot oder einem anderen Vorgänger beschrieben wurden, dann wählte er über die gleichen Ereignisse eine andere Version und beschuldigte seine Vorgänger der Lügen und Irrtümer,[104] um dadurch die Glaub-

---

[101] Hdt. 4. 119 - 141.

[102] Diod. 19. 10.

[103] Hdt. 1. 95.

[104] Laut dem Zeugnis Photios hat er nicht nur Herodot, sondern auch Hellanik angegriffen *„er lehnte Hellanik und Herodot ab, welche er der Lüge bezichtigte."* Ctes. F 16.

würdigkeit seines eigenen Geschichtswerkes zu unterstreichen.[105] Schlussendlich hat er, gerade um sich abzuheben, auch eine andere Art von Geschichte verfasst als Herodot. Die völkerkundlichen und geographischen Exkurse seines Vorgängers hat er ausgelassen und konzentrierte sich auf das, was er besser kannte – den Königshof, die Hintergründe und Intrigen.

Ktesias Zeitgenosse Xenophon griff nicht so sehr auf Herodots *Historien* zurückwas die Fakten anbetrifft, sondern eher was dessen Sprache und Stilistik anbetrifft.[106] Die Nähe der beiden Autoren haben bereits die Autoren des Altertums erkannt.[107] Die Sprache war jedoch nicht der einzige Anknüpfungspunkt Xenophons an Herodot. Es verband sie auch die gemeinsame Überzeugung hinsichtlich des göttlichen Eingreifens in das menschliche Leben, das Interesse an fremden

---

[105] Jacobys kritische These darüber, wenn sich das Werk Ktesias dem Werk von Herodots ähnle es ein Plagiat sei und wenn es sich von diesem unterscheidet es sich um Ktesias Schöpfung handle, ist nicht haltbar. Jacobys Haltung übernahmen mehrere Forscher – Cizek (1975: 546-547); Burn (1984: 11).

[106] Gray (1989: 3 – 9).

[107] Dionysios von Halikarnassos in *Briefe an Pompei*III.1.1 – IV.4.5 und im Werk *De imitatione* XXXI.3.2.

Kulturen, oder an den Persern. Bei Xenophon finden wir auch mehrere herodoteische Motive, z. B. die Beziehung der Athener zur Freiheit.[108]

Bei Herodot ordentlich Anleihe genommen haben auch die Historiker Ephoros, Theopompos und Kallisthenes.[109]Leidenschaft entfachte er nicht nur unter den Historikern, sondern sein Werk gehört auch zur Hauptquelle für anderes Wissen. Aus Herodot Informationen entnommen hat auch Aristoteles, der bekannteste Wissenschaftler des vierten Jahrhunderts.[110] Dieser hat ihn zwar auch als Geschichtenerzähler[111] bezeichnet und dessen naturwissenschaftliche Beobachtungen widerlegt,[112] aber er hat ihn nicht *a priori* abgelehnt. Als eine Autorität bezeichnet hat ihn der Philosoph Epikuros in einer Schrift,[113] die in komprimierter Form seine Physik darlegt. Während einer Zeit in der sich der Einfluss Makedoniens in Griechenland ausbreitete, zog er auch in den politischen Diskurs ein. Als ein Autor, wel-

---

[108] Mehr dazu siehe Tamiolaki (2008: 15 – 52).

[109] Marincola (2007: 108). Hornblower (2006: 310).

[110] Quellen, aus denen er schöpfte. Arist. 1236B3-1236b26; 1417a6.

[111] Arist. 756a31-756b13

[112] Arist. 523a13-523a18; 736a1-736a20 vergleiche mit Hdt. 3. 101.

[113] Erhalten geblieben im Werk von DL. 10. 35 – 83, es kann sich selbstverständlich dabei um eine spätere Erfindung handeln.

cher den Kampf der Griechen für die Freiheit verherrlicht hatte, konnte er der Aufmerksamkeit Demostenes nicht entgehen.[114]

Aus dem bisher Beschriebenen wird deutlich, dass Herodots *Historien* sich von Anfang an einer bemerkenswerten Aufmerksamkeit seitens der Leserschaft erfreut hat. Autoren aller Literaturgattungen haben daraus Anregungen geschöpft. In nicht geringem Maße hat neben der fesselnden Schreibweise auch die Thematik, die Herodot gewählt und geschildert hatte, dazu beigetragen. Die griechisch-persischen Kriege waren zweifelsfrei attraktiv für die griechische Leserschaft; Herodot hat sie noch mit zahlreichen, fesselnd geschriebenen völkerkundlichen, naturwissenschaftlichen und geographischen Exkursen angereichert. Über seine Autorität und seinen Ruhm auch seine Kritiker gesprochen, verbunden mit der Tatsache, dass die folgenden Historikergenerationen sich von seinem Schatten befreien mussten. Sie beschränkten sich dabei nicht auf eine thematische und methodische Abgrenzung, gegebenenfalls sachliche Kritik, sondern sie haben Herodot sogar hart angegriffen. Sie haben ihn als Lügner und Geschichtenerzähler bezeichnet. Sie begründeten eine Tradition, die allem Anschein nach schon zu jener Zeit allgemein bekannt war. Andererseits sind von ihm ausgegangen - egal ob literarisch, methodisch

---

[114] Zu Herodots Einfluss auf das politische Denken und Literaturschaffen siehe Allroggen (1975: 423 – 434).

oder faktgrafisch - alle Gelehrten jener Zeit, einschließlich seine Kritiker. Trotz der Kritik blieb sein Name weiterhin eine Autorität, den zu zitieren sich selbst Aristoteles nicht scheute.

Das Zeitalter des Hellenismus

Eine gewisse Zeit wurde angenommen, dass die hellenischen Autoren Herodot ausschließlich wegen seines Schreibstiles zitierten, aber dass sie ihn als Historiker nicht anerkannt und diesbezüglich eindeutig Thukydides bevorzugt hätten.[115] Nun, sein Einfluss war zweifelsfrei weitreichend. Schließlich war es unmöglich, ihm einfach auszuweichen, war es doch ein Zeitalter, in welchem die Eroberungen Alexanders des Großen den Griechen neue Gebiete und Regionen erschlossen. Informationen über unbekannte Teile der Welt bezogen die Autoren oft von Herodot.

Von diesem Blickwinkel aus betrachtet ist es natürlich, dass er vor allem die Völkerkundler beeinflusste. Sein Werk studiert und daraus geschöpft haben alle Autoren, die über Babylon, Ägypten oder Indien schrieben. Auf seinen Einfluss stoßen wir auch in der Erzählung von Nearchos über Indien,[116] ganze Passagen entnommen hat Hek-

---

[115] Murray (1972: 204).

[116] Hornblower (2006: 312). Es wird angenommen, dass Nearchos das Werk Herodots auf seinen Reisen bei sich hatte Murray (1972: 205 – 206).

---

ataios von Abder;[117] er war auch eine Quelle für Megasthen, Manethon und Berossos.[118] Selbstverständlich haben auch die Historiker etwas daraus entnommen. Gut durchstudiert hat ihn Hieronymos von Kardien.[119]

Die Forschung hat sich in der Geschichtsschreibung vor allem auf Polybios (er lebte im 2. Jahrhundert v. Chr.) konzentriert. Dabei ist nicht klar, ob Polybios im nicht erhaltenen Teil seines Werkes Herodot zitiert hat, in den erhaltenen Teilen finden wir nur Anleihen[120] Mehre-

---

[117] Vermutlich ist er der Urheber der Worte, welche Diodoros übernahm: *„Herodot und gewisse Autoren, welche bei der Schilderung der ägyptischen Angelegenheiten die Wahrheit erst an die zweite Stelle reihten als Mythos und Wunder."* Diod. 1. 69. 7.

[118] Manetho, welcher als in Ägypten lebender Priester auch Zugang zu den priesterlichen Aufzeichnungen hatte, studierte betreffend die Geschichte Ägyptens auch Herodot. Gemäß dessen, was sich über ihn bei Josephus Flavius erhalten hat, hielt Maneton Herodot vor, dass „er viele Fehler wegen Unkenntnis gemacht habe." Contr. Ap. 1.73.

[119] Hieronymus schrieb zwar die Geschichte der Politik und Kriege der Diadochen, aber seine Textgliederung verrät mehrfach, dass er Herodot gut durchstudiert hatte. Beispielsweise bei der Expedition von Antigonos gegen die Araber im Jahre 312 v. Chr. Zuvor erwähnt er die Gebräuche der Araber und erst danach geht er zur eigentlichen Kriegsgeschichte über, was dem herodoteischen Modell entspricht. Murray (1972: 210).

[120] Sandys (2011: 117).

---

re Autoren jedoch annehmen, dass er Herodot studiert hatte.[121] Obwohl uns klar belegbare Anleihen fehlen, können wir dennoch in den historiographischen Werken beider Autoren mehrere Parallelen erkennen. Polybios, der in seinem Geschichtswerk die Ursachen für das Anwachsen der römischen Macht analysierte, konnte bei seiner Hauptargumentation an Herodot anschließen, gerade wie das Paul

---

[121] Hornblower äußerte sogar die Überzeugung, dass „Niemand, der tiefer nachgedacht hat darüber wie man Geschichte oder ein geographisches Werk schreibt, wie das bei Polyb der Fall war, kommt umhin, dass er Herodot schon fast zeitgleich mit der Muttermilch aufgesogen hat." Hornblower (2006: 314). Brian McGing hält andererseits fest, dass man in der Vergangenheit davon ausgegangen sei, dass Polyb viel von Herodot übernommen hatte weil er mit ausgedehnten Exkursen an Herodot erinnere. McGing (2010: 35). Daneben nimmt man an, dass Polyb sich bei seiner Arbeit nur schwer einem so bekannten Klassiker der griechischen Geschichtsschreibung entziehen konnte und verweist auf mehrere Ähnlichkeiten zwischen Polybs und Herodots Schaffen. McGing (2010: 52 – 58). Frank Walbank in seiner Arbeit über Polyb behauptet zwar, ohne sich dabei nicht sicher zu sein, ob er Herodot gekannt habe; aber er fand bei beiden ähnliche Merkmale. Er hat vor allem auf die Bedeutung der Geographie und Völkerkunde, welche beide Historiker verband, hingewiesen und hat somit Polyb in die herodoteische Tradition eingereiht. Walbank (2002: 25, 31, 188).

Cartledge dargelegt hat.[122] Polybios sah die Hauptursache für das Wachstum des römischen Heeres und Gebietes in seiner innerstaatlichen Verwaltung. Eine ähnliche Ursache, wenngleich keine römische, sondern ein athenische, führt auch Herodot an.[123] Ähnlich ist auch die Konzeption der Werke beider Autoren, ausgerichtet auf die damals bekannte ganze Welt.[124]

Es wird angenommen, dass aus Herodot auch Polybios Nachfolger Poseidonios entnommen hat.[125] Zumindest Poseidonios Vorbild,

---

[122] Cartledge (1997: 33).

[123] Herodotos schreibt in seinem fünften Buch über die Macht: *„Die Athener sind jetzt emporgekommen. Aus dem wird klar, dass die Freiheit eine nützliche Sache ist nicht nur in einer Hinsicht, sondern auf allen Seiten. Falls die Athener unter der Herrschaft eines Tyrannen stünden, könnten sie niemals im Krieg die Übermacht über die Nachbarn gewinnen, aber soblad sie sich ihrer Herrscher entledigten, gelangten sie an die vorderste Stelle. Es ist auch klar, dass sie sich niemals mutig verhielten falls sie nicht der Tyrann dazu gezwungen hat. Sobald sie aber die Freiheit errungen haben, hat sich jeder bemüht, egal wer er war, am meisten zu leisten weil er für sich selbst gearbeitet hat.* Hdt. 5. 78. Die Ursache für die Größe des Staates ist somit die innere Verwaltung, ähnlich wie bei Polyb.

[124] Siehe Gutzwiller (2007: 145).

[125] Nock (1959: 6).

Agatharchides, schätzte Herodot und hat diesen als *„nimmermüden Forscher und erfahrenen Historiker"* bezeichnet.[126]

Im Zeitalter des Hellenismus kam es vermutlich auch zu textlichen Änderungen und Fixierung von Herodots Werk. Die heutige Unterteilung der *Historien* in neun Bücher, nach den Musen benannt, entstand dank einem Gelehrten jener Zeit - einem Gelehrten, der in der Bücherei in Alexandrien tätig war.[127] Man nimmt an, dass gerade die Gelehrten Alexandriens in neun Teile unterteilt haben, was der Verteilung auf neun Schriftrollen enspricht.[128] Von woher diese Schriftrollen nach Alexandrien kamen, wohin ja gewaltige Mengen an geschriebenem Material gelangten, wissen wir nicht. Dass zur Verbreitung vor allem die Gelehrten Alexandriens beigetragen haben, wird durch die Gliederung in neun Bücher benannt nach den Musen ersichtlich. Gerade in dieser Unterteilung wurde das Werk in weitere Kulturzentren verbreitet.[129]

Die *Historien* sind ein Prosawerk, deshalb brauchte es eine gewisse Zeit, bis die Gelehrten Alexandriens sich ihm gewidmet haben.

---

[126] Diod. 1. 37. 4.

[127] Canfora (2010: 257).

[128] Gutzwiller (2007: 44).

[129] Das belegen die Nachrichten z. B. von Plutarch oder Lukian, die die Geschichte kannten, so wie diese in Alexandrien verbessert hatten.

Die ersten Philologen haben sich neben der Unversehrtheit vor allem auf den ästhetischen Genuss der Werke konzentriert,[130] weshalb im ersten Jahrhundert seit der Gründung der Bibliothek sich die Bibliothekare Homers Hymnen, Dramen und Dichtungen widmeten.[131] Vermutlich der erste Gelehrte Alexandriens, der Herodot herangezogen hat, war Aristophanes von Byzanz, der ihn für seine *Lexeis* nutzte.

Als die alexandrinischen Gelehrten letztendlich sich auch den Autoren von Prosawerken widmeten, war es gerade Herodot, über den man in der Bibliothek den ersten Kommentar verfasste.[132] Dieser wurde von Aristarchos aus Samothrakien, welcher 135 v. Chr. die Position des Oberbibliothekars bekommen hatte, verfasst. Der Umstand, dass einer der größten Literaturkritiker des Altertums, welcher dieser Mann war, unter den Prosa-Autoren sich als erstes Herodot widmete, dokumentiert die Beliebtheit, Verbreitung und Bedeutung der *Historien*. Bemerkenswert ist auch, dass der große Rivale von Aristarchos - Hellanikos - über Herodot einen Vortrag gehalten hatte.[133]

---

[130] Kennedy (1989: 205).

[131] Die Bibliothek enstand zur Zeit von Ptolemaios II. Philadelphos, welcher von 309 – 246 vor Chr. regierte.

[132] Kennedy (1989: 208).

[133] Murray (1972: 203).

Als Informationsquelle benutzten die hellenischen Gelehrten Herodots *Historien* auch bei der weiteren Entwicklung. Zum Beispiel wurde er erwähnt von einem unbekannten Autor des didaktischen Lehrstücks *Reise um die Welt* aus der zweiten Hälfte des 2. Jahrhunderts v. Chr. Der unbekannte Autor knüpfte darin an Apollodor von Athen an, welcher in seinem verlorengegangenen Werk *Annalen* die Geschichte seit der Eroberung Trojas bis zu seiner Zeit behandelte und mehrmals Informationen mit größter Wahrscheinlichkeit von Herodot übernommen hatte.[134]

Auch unter den hellenischen Dichtern konnte er an Beliebtheit gewinnen. Er hatte einen interessanten Stil und bot eine Vielzahl an fesselnden Schilderungen und war deshalb für die Dichter interessanter als Thukydides. Es ist erwiesen, dass sein Einfluss auch in den Werken von Kallimach und Apollon von Rhodos bemerkbar ist.[135] Seine Popularität verdeutlicht schon allein der Umstand, dass ein unbekannte Autor jeder Periode Herodots Erzählung über Gyges von Lydien in Verse fasste.[136]

Das Interesse am Studium von Herodot ließ am Ende des hellenischen Zeitalters nach. Letztendlich lobte ihn auch sein Landsmann

---

[134] Gutzwiller (2007: 177).

[135] Murray (1972: 203).

[136] Murray (1972: 204).

Dionysios von Halikarnass (gestorben um 7 v. Chr.) zur damaligen Zeit fast ausschließlich dessen literarischen Stil. Bei seiner Geschichtsschreibung hat er ihn nicht aufgegriffen. Der Lokalpatriotismus spielte jedoch in der Antike eine tragende Rolle und hat sich zweifelslos auch in Dionysios Beziehug zu Herodot bemerkbar gemacht. Die Bewohner von Halikarnass waren auf Herodot äusserst stolz, was der Fund eines in Stein gemeißelten Gedichtes aus dem zweiten Jahrhundert v. Chr. belegt, welches berühmte Persönlichkeiten, unter denen auch Herodot erwähnt ist, beschreibt und Taten betreffend Halikarnass.[137] Ausserdem wurde ihm zu Ehren eine Statue im örtlichen Gymnasium aufgestellt.[138] Und so bewundert auch Dionysios, obwohl er sich als Historiker nicht an Herodot bindet, in seiner Schrift *Über literarische Komposition* seinen Landsmann wegen dessen literarischen Stils. Unter jenen, die Geschichte geschrieben haben, sei alleinig sein Stil *„gleichzeitig charmant und schön."*[139] Etwas später hebt er dessen Vielfalt hervor: *„Ich glaube, dass sich jeder bewußt ist, dass in der Prosa Vielfalt ergänzt mit Charme und Schönheit vorhanden sein sollte. Als ein Beispiel dafür erwähne ich alle Schriften Herodots..."*[140] Letztlich reihte er ihn an die erste Stelle wegen der Integrität seines Wer-

---

[137] Hornblower (2006: 306).

[138] Murray (1972: 204).

[139] D.H.Comp. 8. 15.

[140] D.H. Comp. 19.20.

---

kes: *„Unter den lyrischen DichternStesichoros und Alkaios, unter den Autoren von Tragödien Sophokles, unter den Historikern Herodot, unter den Rednern Demosthenes (...). Es ist nicht möglich Autoren zu finden, denen es besser gelungen ist, ihr Werk in ein harmonische Ganzes zu fügen.“*[141] In seinem *Brief an Pompei* gab Dionysios Herodot sogar vor Thukydides den Vorzug: *„Die erste, und man kann sagen die ganz unumgängliche Aufgabe für Autoren von jedwelchem Geschichtswerk ist es, ein erlesenes Thema zu wählen, welches seine Leser erfreut. In dieser Hinsicht scheint mir, dass Herodot dabei erfolgreicher als Thukydides war.“*[142] Das war jedoch nichts Neues, denn bereits Thukydides war sich bewußt, dass Herodot für die Leserschaft spannender Geschichte beschrieb. Er nahm jedoch an, dass die von ihm geschilderten Ereignisse von höherer Wertigkeit wären. Dionysios bevorzugte jedoch auch in dieser Hinsicht Herodot. Dionysios ist gemeinsam mit Agatharchides damit der einzige Historiker des Altertums, der Herodot erwähnte ohne an ihm Kritik zu üben.

Auf jeden Fall müssen wir wiederholen, dass sich Dionysios bei allem Lob fast ausschließlich auf Herodots literarische und nicht auf seine historiographischen Qualitäten bezog. In dieser Richtung ersetzten andere Herodot. Insofern sich der Leser für die persischen Ge-

---

[141] D.H. Comp. 24.14.

[142] D. H. *The three literary letters.* Cambridge, 1901, S. 105.

schichte interessierte, konnte er auch andere Werke heranziehen, beispielswiese Ktesias; sofern er mehr erfahren wollte über die Geografie, Völkerkunde, oder die Realien des Vorderen Orients, konnte er ebenso die Werke hellenischer Autoren heranziehen. Das schwindende Interesse unterstreicht auch der Umstand, das die *Historien* von Diodoros von Sizilien beim Schreiben seines umfangreichen Werkes *Historische Bibliothek* nicht verwendet wurde und Strabon zu den in Herodots *Historien* enthaltenen Informationen mittels anderer Autoren wie z. B. Eratosthenes gelangte.[143] Gegen Ende des hellenischen Zeitalters trat wahrscheinlich Herodot als historische Quelle in den Hintergrund. Es traf ihn das Schicksal berühmter historischer Persönlichkeiten, als zwar seine Statue sogar in der königlichen Bibliothek in Pergamon stand, aber sein Werk die Aufmerksamkeit der Leser an neuere Publikationen verlor.

Das römische Zeitalter

Nur schrittweise gewannen klassiche griechische Autoren Einfluss auf die römische Literatur. Am Anfang der römischen Literatur haben die Römer vorwiegend an ihre griechischen Zeitgenossen angeknüpft. Sie wählten dabei Autoren aus, die Kontakt mit Italien hatten. Ennius z. B. hat sich an Epicharmos und Archestratus von Gela gehalten. Die kultu-

---

[143] Murray (1972: 210).

rellen Kontakte zwischen Griechen und Römern, vor allem die Über-
tragung von Kentnissen aus Schriften von Ost nach West, beschleunig-
ten im 2. Jahrhundert v. Chr. zwei Ereignisse: Im Jahre 168 v. Chr. ließ
Aemilius Paullus, der Sieger in der Schlacht von Pydna, die mazedoni-
sche königliche Bibliothek von Pella nach Rom überbringen und und im
Jahre 133 v. Chr. hat Pergamons König Attalos III. in seinem Testament
sein Königtum in römische Hände gelegt. Diese beiden Ereignisse haben in markantem Maße zu einer tieferen und breiteren Bekanntheit
der griechischen Autoren der klassischen Periode unter den Römern
beigetragen.

Dieser Trend hat auch für die Historiographie gegolten. Die
römischen Historiker umgingen lange die Klassiker und hielten sich
vor allem an hellenische Autoren. Diese dominierten ab der Zeit Catos
bis zu Sisenna.[144] Die klassischen griechischen Vorbilder konnten sich
erst am Ende der Republik durchsetzen.

Die von Cicero stammende, berühmte Bezeichnung Herodots
als „Vater der Geschichtsschreibung" enstand gerade in dieser hekti-
schen Phase der römischen Geschichte. Der berühmte römische Re-
publikaner und Redner hatte den Historiker so in seiner Schrift *De
legibus* bezeichnet. Die Schrift war gestaltet nach Art eines Dialogs
zwischen ihm, seinem Bruder Quintus und Freund Atticus. Gleich am

---

[144] Albrecht (1997: 362).

Anfang fragt Quintus seinen Bruder, ob er vorschlage bei der Geschichtsschreibung andere Richtlinien zu verfolgen als bei der Dichtkunst, worauf ihm Cicero antwortet: *„Quippe, quom in illa omnia ad veritatem, Quinte, referantur, in hoc ad delectationem pleraque;quamquam et apud Herodotum, patrem historiae, et apud Theopompum sunt innumerabila fabulae."*[145]Cicero hat einerseits Herodot als „Vater der Geschichtsschreibung" gewürdigt, aber andererseits war er sich dessen Unzulänglichkeiten bewusst. Er hält ihm *„innumerabila fabulae"* vor, welche nach Ciceros Dafürhalten nicht in die Arbeit eines Historikers gehören. Gleichzeitig verrät diese Passage, dass die Römer von den Griechen nicht nur deren Werke übernommen hatten, sondern auch deren traditionellen Sichtweise. Diese ambivalente Akzeptanz von Herodot, die zwischen Ehrerbietung und Ablehnung pendelte, muss man gewissermaßen als Klische verstehen, welches zu jener Zeit jeder kannte, der sich mit der griechischen Kultur näher vertraut gemacht hatte. Dieses Klische gibt jedoch nicht die tatsächliche Beziehung zu Herodot wieder. Bei Cicero können wir beispielsweise anhand seiner Anmerkungen herauslesen, daß er Herodots Vorgangsweise ablehnte, aber in Wirklichkeit begründete er seine Geschichtstheorien auf Herodot und Theopompos.[146]

---

[145] Cic. De leg. 1. 5.

[146] Albrecht (1997: 64).

An der Wende unserer Zeitrechnung erleichterte die neue griechische und lateinische Bibliothek, die Augustus im Jahre 28 v. Chr. im Apollontempel am römischen Palatin eröffnete, den Zugang zu den griechischen Werken. Dadurch war Herodot noch leichter zugänglich und inspirierte schrittweise mehrere Autoren Roms. Sallust - der „römische Thukydides" - hat sicherlich anfänglich an die Tradition der historischen Monographie gemäß Thukydides angeschlossen, aber schrittweise entfernte er sich wieder davon und näherte sich Herodots Model an.[147] Das ist z.B. erkennbar in den Aphorismen und Anekdoten seiner Erzählung über Micipsa.[148] Auch Livius fließender Erzählungsstil errinnert an Herodot.[149] Ihrer Ähnlichkeit mag man sich bereits im Altertum bewusst gewesen sein. Quintilianus hat beide Autoren mit den Worten verglichen: *"Bei der Geschichtsschreibung kann ich nicht ein Übergewicht der Griechen erkennen. Ich fürchte mich nicht, Sallust mit Thukydides zu vergleichen, auch Herodot sollte es nicht als unwürdig befinden, falls man Livius mit ihm als gleichwertig*

---

[147] Albrecht (1997: 438).

[148] Sal. Iug. 9 – 11.

[149] Dawson (1996: 148). Livius Nachahumung Herodots erwähnt auch Tony Woodman in der Studie *Self imitation and the substance of history*. In West, D. - Woodmann, T. *Creative imitations and Latin literature*. Cambridge: CUP, 2001, s. 153. Michael von Albrecht nannte Livius in diesem Kontext einen „römischen Herodot". Albrecht (1997: 363).

befindet."[150] Herodot übte wahrscheinlich einen bedeutenden Einfluss auf Livius Zeitgenossen Pompeius Trogus aus, zumindest soweit man das beurteilen kann anhand dessen, was wir von Trogus wissen. Der Einfluss des griechischen Historikers ist vor allem in Trogus Exkursen zu völkerkundliche und geopraphische Inhalten spürbar.[151]

In der Kaiserzeit war die römische Kultur zweisprachlich. Die Römer verfügten zwar über eigene Autoritäten - Sallust und Livius, welche die Geschichtsschreibung als "römischen Thukydides" und "römischen Herodot" darstellte, aber die Griechen fungierten weiterhin als Quelle der Inspiration und als Vorbild. Die Autoren mussten auf die griechische Literatur vor allem dann zurückgreifen, sobald sie sich mit der griechischen Geschichte oder der Geschichte des Vorderen Orients beschäftigten. Im ersten Jahrhundert ist auf diese Weise Herodots Einfluss in den Werken von Curtius Rufus erkennbar. Curtius benötigte für seine Schilderung von Alexanders Kriegszügen in Persien Quellen mit etnographischen Kenntnissen und er beschränkte sich dabei nicht nur auf die Historiker von Alexanders Kriegszügen. In seine Schilderung sind oft Fakten aus der *Historien* eingeflossen. Seine Perser feiern da Gelage genauso wie das Herodot beschrieben hatte, wonach die persischen Heerführer wichtige Entscheidungen bei Gelagen

---

[150] Quint. Institutio oratoria 10. 1. 101 – 102.

[151] Albrecht (1997: 870).

gefällt haben.[152] Bei der Beschreibung der Skythen wiederum verweist Curtius auf Werkzeuge und Waffen, die ihnen Herodot zufolge vom Himmel gefallen waren.[153] Herodots Einfluss finden wir bei Curtius auch im Aufbau von einigen Szenen und Dialogen. Als Muster für einen persischen Königs tritt da öfters Herodots Xerxes in Erscheinung. Dareios III. zählte laut Curtius sein Heer nach der Methode von Xerxes[154]und nach der Heerschau wandte er sich an Charidemos, einem aus Athen Verbannten. Dieser warnt ihn vor einem Angriff auf den Mazedonier ähnlich wie der verbannte Spartaner Demaratos Xerxes es bei Herodot tat.[155] Dareios wird ähnlich wie Xerxes von Träumen geplagt.[156] Außerdem knüpfte Curtius auch in anderen Punkten an Herodot an,[157] wovon wir ableiten können, dass Herodot trotz der Existenz anderer griechischer und römischer Quellen in vielen Bereichen

---

[152] Curt. 7.4.1. Zum Vergleich Hdt. 1.133. Eine ähnliche Nachricht gibt es bei Tacitus, Germ. 22.

[153] Curt. 7.8.1, Hdt. 4.5

[154] Curt. 3.2.2-3, Hdt. 7.59. Dass Curtius bei diesem wie auch dem folgenden Beispiel nicht von griechischen Quellen ausging sondern von Herodots siebentem Buch, hat die Analyse von Jürgen Blänsdorf in seiner Studie *Herodots beiCurtius Rufus* bewiesen. Hermes 99, 11-25.

[155] Curt. 3.2.11-16, Hdt. 7.101-5.

[156] Curt. 3.3.2-7, Hdt. 7.12.

[157] Curt. 3.2.2; 3.3.2-7; 3.8.13-15. Daneben auch Heckel (1979: 122-123).

weiterhin als Materialquelle für Historiker, Volkskundler oder Geographen unersetzlich blieb. In der Gelehrten Unterbewusstsein ist jedoch auch Herodots Unzuverlässigkeit verblieben. Am Zeugnis von Josephus Flavius zeigt sich,[158] dass auch zu seiner Zeit die Tradition vom „unzuverlässigen Herodot" überlebt hatte.

Der Höhepunkt des Einflusses der griechischen Literatur in Rom lag in der Regierungszeit von Kaiser Hadrian. Die griechische Sprache domminierte das Kulturleben des Imperiums im Osten und wurde für die folgenden zwei Jahrhunderte auch ein lebendiges Element im Westen. Deshalb überrascht es nicht, dass der Römer Asinius Quadratus sein Geschichtswerk in Griechisch schrieb und dabei Herodots Dialekt nachahmte.[159]

Die *Historien* wurde jedoch nicht ausschließlich nur von römischen Historikern und Autoren genutzt, sondern nach einer kurzen Verdrängung am Ende des hellenischen Zeitalters zu Beginn unserer Zeitrechnung genoss er wieder erhöhte Aufmerksamkeit seitens der griechischen Autoren. Er wurde unter anderen auch von griechischen Romanschriftstellern gelesen. Als Beispiel zu nennen ist der anonyme, heute nur noch fragmentarisch erhaltene Roman *Metiochos und*

---

[158] Contr. Ap. 1.16.

[159] Albrecht (1997: 1088).

Parthenope, der sich am Hof des von Herodot gerühmten Polykrates von Samos abspielt.

Er blieb auch weiterhin eine große Hilfe für Geographen. Im zweiten Jahrhundert übernahm Pausanias exakt 82-mal Informationen aus Herodot, und dies ohne jenen zu zitieren.[160] Pausanias zog in seinem Reiseführer *Reise nach Griechenland* regelmäßig Herodot heran. Jener ist jedoch schon so eine klassiche Autorität, dass man ihn nicht zitieren muss, weil ihn bereits jeder kennt. Arrianos nutzte zweifelsfrei Herodots *Historien* ebenfalls in seinem Werk über Indien – *Indiké.*[161] Zu Herodot bekennt er sich damit, dass er sein Buch im ionischen Dialekt, wie ihn auch Herodot verwendete, verfasste. An der Art

---

[160] Habicht (1998: 3). Die Anleihe von Pausanius bei Herodot erwähnt auch Maria Pretzler in der Studie *Travel and travel writing.* In Boys – Stones, George - Graziosi, Barbara - Vasunia, Phirozi. *The Oxford Handbook of Hellenic studies.* Oxford 2009, S. 358.

[161] Herodot hatte er zweifelsfrei gut studiert und ist in mehreren Punkten von ihm abgewichen; zum Schluss kritisierte er auch dessen Erzählungen über Indien, wo dieser seiner Meinung nach sich etwas ausgedacht hatte und solches vor allem zu Unterhaltungszwecken geschrieben habe. (Ind. 5. 4). Andererseits hat er davon die geographischen Kenntnisse (Ind. 5.6) und die Fakten rund um die Realien (Ind. 5. 7; 7. 13) bezogen.

wie er die Schrift verfasste wird ersichtlich, dass er auch an Herodots Literaturmodell angeknüpfte.[162]

Eine der wichtigsten Informationsquellen bezüglich der Akzeptanz von Herodots Werk im Altertum ist das Werk des griechischen Schriftstellers Plutarch (ca. 46-120). Zur Zeit Plutarchs, also ungefähr ein halbes Jahrtausend nach Herodots Tod, waren die *Historien* allgemein bekannt. Christopher Pelling konnte dies bei seiner Analyse von Plutarchs Lebensgeschichte über Themistokles nachweisen. Er wies auf mehrere Punkte hin, in denen Plutarch seinen Bericht abhandelte ohne alle Teile zu erwähnen, welche der normale Leser für sein Verständnis benötigt hätte. Als sich z.B. die Schlacht von Salamis näherte, wollten die Griechen davonlaufen und versprengten sich. Laut Plutarch rief dies Themistokles Zorn hervor, weil sie *„ihren Vorteil aufgeben wollten, die ihnen Standort und Talenge boten.*[163] Dieser Vorteil wurde von Plutarch nicht erwähnt. Solche Stellen gibt es in Themistokles Lebensgeschichte mehrere; daraus wird ersichtlich, dass Plutarch ganz automatisch damit rechnete, dass seine Leser die fehlenden Details bereits aus Herodots Erzählung kannten.[164]

---

[162] Stadter (1980: 1169).

[163] Plu. Them. 12.3.

[164] Pelling (2007: 152 – 153).

Plutarch spielt für uns jedoch eine Schlüsselrolle, weil er Herodot die eigenständige und vielzitierte Schrift *De Herodoti Malignitate* widmete. Bereits die Überschrift zeugt vom kritischen Blickwinkel auf Herodot, und das nicht nur gegenüber dessen Werk, sondern auch gegenüber der Person. Plutarch lehnte in seiner Schrift das Werk Herodots ab als ein Konzept basierend auf Unwahrheiten und er bezichtigte ihn der Bosheit. Dieser kritische Blickwinkel auf den Verfasser, der fast sechs Jahrhunderte vor ihm gelebt hatte, wurde von der unterschiedlichen politischen und kulturellen Atmosphäre, in denen beide gelebt hatten, beeinflusst. Herodot arbeitete an seinem Werk zu einer Zeit, als die Griechen sein Hauptpublikum waren. Das heißt zu einer Zeit, als es nicht unbedingt notwendig war die Griechen allgemein zu heroisieren, weil dazu in jener Zeit kulturell und politisch der äußere Anlass fehlte. Plutarch lebte jedoch zur Zeit der römischen Vorherrschaft. Er hatte Freunde in den höchsten römischen Kreisen, er akzpetierte die von Rom eingeführte herrschende Ordnung; andererseits ist er als glühender Patriot aufgetreten und hat so auch geschrieben. In seinen Werken wimmelt es nur so an Äusserungen über die großartigen Taten der Griechen. Er wollte den Römern die ruhmvolle griechische Vergangenheit präsentieren und darauf hinweisen, dass nicht nur in Wissenschaft und Kultur, sondern auch bei der Kriegsführung Griechen und Römer sich auf der gleichen Ebene befinden.[165]

---

[165] Christopher Pelling fand in Plutarchs Lebensgeschichte des Themistokles

Herodots Werk hat jedoch an mehreren Punkten, vor allem bei der ungeschönten Beschreibung der Kollaboration einiger griechischen Städte mit den Persern, sein Konzept der ruhmvollen griechischen Kriegsgeschichte erschüttert.

Keine geringe Rolle spielte bei Plutarchs Kritik der Lokalpatriotismus. Herodot hat in den *Historien* ganz offen die Kollaboration der Boiotier mit den Persern beschrieben. Plutarch selber wurde in Böotien geboren und lebte dort, deshalb konnte er Herodot nicht vergeben, dass er die Zusammenarbeit mit den Persern nicht rechtfertigen wollte oder nicht verschwiegen hatte. An diesem Punkt hat er Herodot als bezahlten Geschichtenschreiber zurückgewiesen. Er bezog sich dabei auf Aristophanes aus Böotien, welcher behauptete, dass die Thebaner sich weigerten Herodot während seines Aufenthaltes in Theben das von ihm geforderte Geld zu geben und ihm verboten mit der Thebener Jugend zu diskutieren. Herodot war beleidigt und hat laut Plutarch aus diesem Grunde Theben in den *Historien* bewusst beschmutzt. Sein Beleidigtsein habe er noch dazu unter dem Mantel der objektiven historischen Erzählung versteckt, darin liege auch seine Bosheit. So hat Plutarch allem Anschein nach unter anderem die Tradition des „bezahlten Herodots" geschaffen. Ähnlich argumentieren

---

mehrere Stellen, wo Plutarch den Sieg der Griechen über die Perser glorifizierte, um ihren Ruhm zu erhöhen. Pelling (2007: 151).

---

nämlich später auch Dion Chrysostomos in seinen *Reden*[166] und Markellinos in *Das Leben desThukydides.*[167]Laut dieser Autoren verhielten sich auch die Korinther gegenüber Herodot respektlos, weswegen er sie in den *Historien* in der Schlacht bei Salamis davonrennen ließ. Die Athener, die Herodot bezahlt hatten, bezeichnete er im Gegenteil als die Retter Griechenlands.[168]

Plutarchs Einfluss war in jener Zeit zweifelsfrei gewaltig und seine Kritik fand in den folgenden Generationen mächtigen Widerhall. Das bereits damals existierende herodoteische Dilemma, das im Altertum zwischen Herodots Verehrung und Ablehnung pendelte, verlagerte sich zunehmends hin zu Ablehnung und Kritik. Das Ausmaß von Plutarchs Kritik verrät gleichzeitig, in welchem Maße Herodots Werk bekannt war. Nach Plutarchs Ansicht beschädigte er das Bild Griechenlands im gesamten römischen Imperium. Plutarch korrigierte dieses Bild in seiner Schrift nicht so sehr für die Griechen, sondern gerade für Nichtgriechen, denen Herodots *Historien* in die Hände geraten waren. Sein Kommentar sollte das Bild Griechenlands im Imperium verbessern. Schon daraus wird ersichtlich, dass die *Historien* zu jener Zeit im gesamten römischen Reich erhältlich waren und zugleich gelesen wur-

---

[166] Crosby (1946: 10).

[167] Burns (2010: 27).

[168] Cuvigni - Lachenaud (1981: 164).

de, sonst hätte Plutarch keinen Grund gehabt diesen über alle Maßen kritischen und ausführlichen Kommentar zu verfassen.

Herodot zu jener Zeit detailliert studiert hat ebenso Lukian von Samosata. Dieser aus Syrien stammende Sophist, Satyriker und Wanderdichter lebte in den Jahren 120-180 n. Chr. Auf seine Rezeption von Herodot hatte zweifelsohne Plutachs Kritik am Historiker aus Halikarnass Einfluss. Obwohl auch andere Autoren Herodot Ungenauigkeit und aphoristische Geschichtchen vorhielten, war nur Plutarchs Kritik so hart, dass unter seinem Einfluss Lukian in seiner Schrift *Verae historiae* ihn zur Hölle schickte, wohin er gehöre weil nach seinen Worten *"die schwerste Strafe von allen auf jene fällt, die während ihres Lebens gelogen haben und auf jene, die Unwahrheiten geschrieben haben, zu diesen zählen Ktesias aus Knidos, Herodot und einige andere."*[169]

Weniger kritisch war er in seiner, der Geschichtschreibung gewidmeten theoretischen und für die Antike einmaligen Schrift *Wie man Geschichte schreibt*. Lukian trat in ihr kritisch gegen die Verhältnisse auf, die damals in den Kreisen der Intelligenz vorherrschten. Satyrisch hat er sich darüber ausgelassen, wieviele neue Historiker auftauchen, die sich nach Lukias Worten verschiedenen Kriegen widmen „Ha, jeder den du triffst willThukydides, Herodot, Xenophon

---

[169] Harmon (1913: 337).

sein."[170] Die genannten Historiker verkörperten zur damaligen Zeit die Autoritäten der Geschichtsschreibung, waren gleichzeitig ihre Urheber, die die Regeln festgelegt hatten. Lukian klassifiziert jeden als gänzlich spezifischen Autor, der der Geschichtsschreibung eine eigenständige Richtung verliehen hat. Jeder ist für ihn ein *klassisches Modell,*[171] dem weitere Historikergenerationen nachfolgten.

Lukian war kein Grieche und Böotier wie Plutarch, deshalb ist er Herodot gegenüber nicht so kritisch eingestellt. Im Abschnitt, wo er sich der formalen Unterteilung des historischen Werkes widmet, stellt er Herodot und Thukydides als beste Historiker nebeneinander.[172] Das sagt aber eher etwas über Herodots bedeutende Stellung in der antiken Geschichtsschreibung aus als über seine Persönlichkeit.

Auf die relativ positive Akzeptanz Herodots durch Lukian stoßen wir in der Schrift *Herodotos und Aëtion,* wo er sogar mehrere Eigenschaften Herodots hervorhebt, welche Historiker nachahmen sollten. Er bewunderte seinen angenehmen Stil, seine konstruktiven Fähigkeiten, den angeborenen Charme seines Ionischen, den gedankli-

---

[170] Fowler - Fowler (1905: 111).

[171] Fowler - Fowler (1905: 122).

[172] Fowler - Fowler (1905: 134).

chen Reichtum oder was auch immer an tausenden Schönheiten, die er zu einem Ganzen vereint hatte.[173]

Im zweiten Jahrhundert hat der griechische Rhetoriker Hermogenes von Tarsus Herodot nicht nur studiert, sondern ihn sogar als Vorbild empfohlen. Dessen Zugang zu Herodot hat K. A. Riemann genauer analysiert.[174] Hermogenes hat Herodot jedoch rein als literarisches Vorbild studiert. Interessant ist, dass er neben der Bewunderung für Herodots Schreibstil diesen auch in Fragen der Glaubwürdigkeit verteidigte.[175] Das Fehlen von Kritik lässt sich jedoch einfach erklären mit Hermogenes Desinteresse an der Theorie der Historiographie, welcher sich seine Vorgänger Plutarch und Lukian gewidmet hatten. Daraus kann man jedoch schließen, dass die Autoren des zweiten Jahrhunderts Herodot als Literaturmodell empfohlen haben, nicht für die Historiographie. Bei der Geschichtsschreibung legten sie Wert auf die Befolgung der thukydidischen Normen. Gleichzeitig jedoch verrät diese Herausforderung und häufige Kritik an Herodot als Historiker, dass weiterhin verschiedene Historiker auf sein Werk zurückgriffen und ihm nacheiferten, denn anders wäre beispielsweise Lukians Auf-

---

[173] Fowler - Fowler (1905: 91).

[174] Riemann (1967: 123 – 124).

[175] Riemann (1967: 124).

---

forderung an die Junghistoriker, dass sie sich an die thukydidischen Normen halten sollten, gegenstandslos.

Trotz der faktographischen Kritik wurde Herodots Werk auch im zweiten Jahrhundert nicht unter jene Literaturgattung gereiht, welch ausschließlich der Unterhaltung diente. Eine interessante Quelle diesbezüglich ist das Werk *Noctes Atticae* von Aulus Gellius (zirka 125 - 180). Der Autor beschreibt darin unter anderem seine Reise von Griechenland nach Italien. Er fuhr mit dem Schiff und landete in Brindisi. Als er aus dem Schiff stieg, stieß er auf einen Büchermarkt. Die Verkäufer verkauften hier vorrangig griechische Werke, bestimmt zur Unterhaltung während der Reise. Gellius erwähnt, dass unter den verkauften Büchern auch die *Persische Geschichte* von Ktesias waren, Herodot erwähnte aber nicht.[176] Obwohl nur auf der Basis von *ex silentio*, erlauben wir uns trotzdem zu behaupten, dass Herodot nicht zu jenen Autoren zählte, deren Werke vor allem als Mittel zur Vertreibung der Langeweile dienten. Seine *Historien* haben sich trotz aller Kritik vor allem unter den Reihen der Gelehrten Leser gehabt. Ein Beispiel für so einen Gelehrten, der an der Wende vom dritten zum vierten Jahrhundert lebte, war Claudius Aelianos. Obwohl dieser Autoren bevorzugte, welche ihre Kenntnisse nicht auf das gründeten, was sie

---

[176] Aul. Gel. 9. 4.

von anderen gehört hatten[177] indem er auf Herodots Methode der mündlichen Überlieferung hinwies und einige Passagen in Herodot sogar für Legenden hielt [178] und diesem unzureichende Kenntnis vorhielt,[179] hat er trotzdem daraus viel über persische, ägyptische und indiche Realien entnommen[180] - und dies in einigen Fällen ohne ihn zu zitieren.[181]

Zum Abschluß dieses Kapitels können wir sagen, dass die Rezeption Herodots in der römischen Epoche vielen Einflüssen unterlag. Der Historiker aus Halikarnass inspirierte viele Autoren, er war im ganzen römischen Imperium bekannt und auch die bekanntesten römischen Historiker kannten ihn sehr gut. Sie bewunderten die Weise wie er sein Werk geschrieben hatte, aber bei der Historiographie gaben sie nicht nur eimal dem Thukydides den Vorrang, auch wenngleich Herodot breit nachgeamt wurde. Über Akzeptanz oder Ablehnung seiner *Historien* entschied nicht nur einmal der nationale und politsche Kontext. Gerade die nichtgriechischen Bewohner des römischen Reiches haben sich Herodot gegenüber objektiver geäußert als die Griechen

---

[177] Ael. NA. 2.53.

[178] Z.B. Herodots Erzählung über die Geburt der Kreuzotter (Hdt. 3.109) – Ael. NA. 15.16.

[179] Ael. NA. 17.36.

[180] Ael. NA. 2.53; 4. 15; 11. 10; 12.21 atď.

[181] Ael. NA. 11. 26.

selbst. Die Tradition von *„Herodot, der Lügner"* war nämlich in Griechenland lebendiger, fand sie hier doch einen lebendigen Boden im anhaltenden Lokalpatriotismus.

Während der Spätantike

Die zweisprachige Kultur des römischen Reiches endete im Westen während der Regierungszeit der Kaiser Diokletian und Konstantin. Erneut erblühte das lateinische Schaffen in den Werken von Hieronymus, Augustinus und weiteren. Auch griechische Autoren wie Ammianus Marcellinus (325/330-bis 391 n. Chr.) und Claudianus schrieben im Westen auf Latein. Die Griechischkenntnisse im Westen gingen zurück und immer öfter war es notwendig, die griechischen Werke ins Lateinische zu übersetzen. Der rückläufige Trend der Griechischkenntnisse[182] brachte mit sich, dass Herodots Werk aus der Aufmerksamkeit des Westens verschwand. Er war allem Anschein nach nur mehr der intellektuellen Elite bekannt. Zu diesen Intellektuellen gehörte auch Ammianus Marcellinus, welcher sein Werk in einigen Teilen entweder direkt an Herodot, oder an die herodoteische Tradition anlehnte.[183] Bei Ammianus ist es jedoch notwendig in Betracht zu ziehen, dass er als Grieche kein Problem hatte sich Herodots Werk in Griechisch

---

[182] Albrecht (1997: 14).

[183] Cameron (1985: 37 – 38).

durchzulesen, was aber für nichtgriechische Autoren ein Problem sein konnte. Ausserdem konnten in Latein schreibende Historiker die klassische Geschichtsschreibung konsultieren oder an sie anbinden indem sie auf Sallust, Livius oder Tacitus zurückgriffen. Herodot blieb somit ein Begriff, aber auch das nur für die absolute Spitze der Gebildeten. Allem Anschein nach hat auch der Erzbischof und Historiker Isidor von Sevilla nur über Herodots Namen reflektiert, ohne dass er das Werk des griechischen Historikers genauer kannte.[184] Die westliche Kultur verlor also den engeren Kontakt mit der antiken griechischen Literatur; die westliche Geschichtsschreibung des Mittelalters identifizierte sich nicht mit Herodot oder Thukydides - z. B. Einhard knüpfte an Sueton an, Widukind von Corvey, William von Poitiers und William von

---

[184] Ein Urteil ziehen kann man aus Isidors Anmerkung: *„historiam autem apud nos primus Moyses de initio mundi conscripsit. Apud gentiles vero primus Dares Phrygius...post Daretem autem in Graecia Herodotus historiam primus habitus est."* Etymologiae 1. 42. Falls Isidor Herodots Werk näher gekannt hätte, würde das in seinem Werk tiefere Spuren hinterlassen haben; die Anmerkung ruft bloß die Tatsache in Erinnerung, dass er über Herodot Bescheid wusste.

Malmesbury wieder an Sallust.[185] In die westeuropäische Kultur ist Herodot erst im 15. Jahrhundert zurückgekehrt.[186]

Im Osten wurde das Studium Herodots nicht durch eine Sprachbarriere behindert. Zweifelsohne wurde er von Autoren studiert, welche sich mit Geschichte beschäftigten. Eusebius von Cäsarea schöpfte in seiner *Chronik* aus Herodot. Er beginnt sie mit der Geschichte Assyriens, in die er mit den Worten einführt: *„so wie es bereits andere Autoren erwähnt haben:zuerstHellanikos von Lesbos und Ktesias von Knidos und danach Herodotos aus Halikarnass."*[187]Im Abschnitt über die Geschichte Ägyptens zitiert er ihn mehrmals. Bei seiner Genauigkeit hat er nicht darauf vergessen hinzuzufügen, dass Manethon Herodot kritisierte wegen seiner *„Unkenntnis und Ungenauigkeit."*[188]Herodot wird ebenfalls von Markellinos erwähnt in *Das Leben des Thukydides.* Es herrscht jedoch keine Einigkeit darüber, in welcher Zeit Markellinos lebte.[189]Wir können ihnen jedoch in die Epoche der Spätantike einreihen.

---

[185] Die meisten Zitate findet man ihn Vergils *Aeneis,* welche als geschichtliches Werk angesehen wurde.Siehe Ray (1999: 643).

[186] Siehe Habaj (2013a: 49 – 64); betreffs Herodots Verbreitung nördlich der Alpen: Habaj (2013b: 6 – 20).

[187] Schoene (1875: 59).

[188] Schoene (1875: 59).

[189] Nach Henry Stuart Jones ist es möglich ihn mit Markellinus zu

Man kann behaupten, dass Herodot in der oströmischen Kultur nicht verloren ging, sondern dass er studiert und zitiert wurde. Im Zeitraum vom zweiten bis zum siebten Jahrhundert haben ihn die griechischen Autoren laut dem *Thesaurus Linguae Graecae* ungefähr 900-mal erwähnt.[190] Die Renaissance der griechischen Autoren lag ganz eindeutig in der Regierungszeit Kaiser Justinians. Elizabet Jeffreys definierte in ihrer Studie *Writers andAudiences in Early sixth century* drei Einstellungen, welche damals im Verhältnis zur klassischen Antike vorherrschten.[191]Nebeneinander wirkten damals Autoren, welche von den klassischen Werken ausgingen, dann solche, welche einen Überblick über die klassische Kultur und deren Autoren besaßen, und dann solche, welche das Erbe der Klassik durch die christliche Perspektive wahrnahmen.

Die byzantinische Historiker, welche ab dem vierten Jahrhundert bis zum Fall des byzantinischen Reiches tätig waren, hatten Herodot zweifelsfrei studiert. Ungeachtet dessen, dass der Historiker aus Halikarnass aus der weströmischen Kultur nach dem dritten Jahrhunderts zu verschwinden begann und aus der mittelalterlichen Kultur

---

identifizieren, welcher sich Ende des vierten und Anfang des fünften Jahrhunderts sich mit dem Werk des Hermogen aus Tarsus beschäftigte. Burns (2010: 4).

[190] Gillet (2009: 409).

[191] Jeffreys (2006: 127-139).

---

völlig verschwunden war, kannten die Historiker im Osten sein Werk und haben dieses für den Rest Europas aufbewahrt.

Zur Illustration untersuchen wir mehrere Beispiele. Einer der ersten byzantinischen Historiker, dessen Werk uns erhalten geblieben ist und der wesentlich an die klassische griechische Geschichtsschreibung anknüpfte - und vor allem an Herodot - war Prokop von Caesarea (ca. 500 – ca. 565). Dass man klassische Vorbilder nachahmte, war zum Großteil vorbestimmt durch das byzantinische Bildungssystem, welches im Hinblick auf die Vergangenheit die Überarbeitung bzw. Nachahmung eines fix bestimmten Kanons der Klassiker betonte, mit wenig Betonung auf Originalität.[192] Die Unterordnung unter klassische Vorbilder spielte eine wichtige Rolle vor allem beim Verfassen der politischen Geschichte und der Kriegsgeschichte, wie sie gerade von Prokop geschrieben wurde. Dieser hatte von den Klassikern nicht nur deren Wortschatz und Phrasen, sondern teilweise auch die Konzeption, das Modell und die Struktur des Werkes übernommen. Laut Averil Cameron war jedoch Prokops Klassizismus nur teilweise absichtlich, großteils ging es Prokop laut der Autorin um seinen eigenen Schreibstil, dem wir zustimmen können.[193] Trotz seiner eigenen Originalität war für Prokop Herodots Werk ungewöhnlich bedeutsam. An die hero-

---

[192] Cameron (1985: 32).

[193] Cameron (1985: 33).

doteische Tradition knüpft er bereits in der Einführung an, wo er versichert, dass er bedeutende Taten aufgezeichnet hat, damit sie nicht in Vergessenheit gerieten.[194] Sein Anknüpfen an Herodot ist bereits den Forschern im 19. Jahrhundert stark aufgefallen .[195] Prokop erhielt in der deutschen Literatur sogar den Beinamen „byzantinischer Herodot".[196] Ganz detailliert auf Prokops sprachliche und sachliche Anleihen aus Herodots Werk hingewiesen hat Hermann Braun in seiner Arbeit *Die Nachahmung Herodots durch Prokop.*[197]Braun wies auf übernommen Wortverbindungen, auf die ähnliche Struktur der geographischen und sachlichen Anleihen, auf Prokops herodoteische Reaktion auf nicht glaubwürdige Nachrichten hin. Prokop übernahm ebenso dessen Charakteristik und Beschreibung von historischen Persönlichkeiten.

---

[194] Procop. 1. 1.

[195] Hermann Eckhardt erforschte die Ausdrucks- und Sprachanleihen bei Prokop in *De Anecdotis Procopii Caesariensis.* Regimonti, 1861. (Diss.) Prokops Anleihen bei Herodots Wortverbindungen hat untersucht W. Teuffel in *Studien und Charakteristiken von W. S. Teuffel.* Leipzig, 1871.

[196] Prokop wurde so genannt bei Peter Friedrich Kanngiesser in der Arbeit *Des Prokopius von Cäsarea Geschichte seiner Zeit, uebersetzt und mit Erläuterungen versehen.* Greifswald, 1827.

[197] Braun (1893/94).

Averil Cameron hat ebenfalls darauf hingewiesen, dass Prokop ähnlich über christliche Themen geschrieben hat wie Herodot bei der Beschreibung von fremden Sitten der Skythen und Ägypter.[198] Prokop war zwar selber Christ, aber auf die Welt um ihn herum blickte er mit den Augen eines klassisch-griechischen Historikers - und nicht durch die Linse eines Historikers des sechsten Jahrhunderts. Dem entspricht auch die Identifikation von Volkszugehörigkeit oder Ortsangaben. Deshalb überrascht es nicht, das z.B. die Hunnen einfach als Barbaren bezeichnet werden. An diesem Punkt wird ersichtlich, wie eng die byzantinischen Historiker an ihre klassischen Vorlagen anknüpften. Dass was Herodot oder Thukydides nicht erwähnt haben, verstehen sie als ein Element, das nicht in die Geschichtsschreibung gehörte, weil es nichts gab, womit es legitimiert werden könnte.

Ein weiterer bedeutender Historiker, der im sechsten Jahrhundert in Verbindung mit der klassischen, griechischen Geschichtsschreibung wirkte war Agathias. Ähnlich wie Prokop hatte er eine juristische Bildung, welche mit einer gründlichen Kenntnis der antiken Literatur verbunden war. Mit seiner *Geschichte* knüpfte er nicht nur an Prokops Werk an, sondern auch an dessen Klassizismus. Er war zu einer Zeit tätig, als die klassische Antike deutlich im Niedergang begriffen war. Anthony Kaldellis sah gerade darin den Grund für seinen

---

[198] Cameron (1964a: 317).

Klassizimus. Laut Kaldellis war er sich des Niedergangs der klassischen Bildung zutiefst bewusst und als Reaktion auf diesen Trend hat er selbst an die klassische Geschichtschreibung angeknüpft.[199] Averil Cameron präsentierte die Möglichkeit, dass er wie ein Christ schreiben wollte, aber dass er es nicht schaffte das Paradigma der klassischen Antike zu überwinden.[200] In jedem Fall ist mit Agathias ein noch „heidnischerer" Historiker herangewachsen als es Prokop war. Nach Kaldellis habe *„Umfang und Begeisterung von Agathias am Klassizismus in der antiken Historiographie nichts Vergleichbares".*[201]Er belegte dies mit Beispielen, in denen dieser an Herodot anknüpfte.[202] Seine Welt ist ähnlich wie bei Prokop die Welt des klassischen Griechenlands. Wir finden Hinweise auf die Olympischen und Nemeischen Spiele, obwohl sie zu jener Zeit nicht mehr stattfanden. In der Einführung bemüht er die Wahrsagungen des Orakels von Delphi, das im klassischen Griechenland so geachtet wurde. Regelmäßig taucht er in die Alte Geschichte und die Mythologie ein. Wenn er die Strafe für Angreifer beschreibt, so verwendet er die Perser bei Marathon und Salamis. Dem Heerführer Belisares erweist er die größte Ehre indem er diesen

---

[199] Kaldellis (2004: 299).

[200] Cameron (1981: 225).

[201] Kaldellis (2004: 300).

[202] Zu diesen Beispielen siehe Kaldellis (2004: 299).

mit dem Spartanerkönig Leonidas vergleicht.[203] Agathias ingoriert beinahe vollkommen das Christentum, welches ja auch zur Zeit von Herodot und Thukidides nicht existierte. So hat er z. B. das ökumenische Konzil, das zu jener Zeit tagte, gar nicht erwähnt. Er verwendete geographische Ortsnahmen wie sie zur Zeit Herodots bekannt waren; verwendete er Bezeichnungen, welche in der klassischen Literatur nicht vorkamen, so fühlte er sich verpflichtet diese zu erklären.[204] Wir wollen jedoch darauf hinweisen, dass nicht Herodot die Quelle seines Archaismus sein musste. Beispielsweise hat bei der Datierung der medischen Geschichte Ktesias bevorzugt.[205] Nach Averil Cameron griff er bei den Persischen Realien vorrangig auf seine Zeitgenossen zurück. Sofern er sich in dieser Hinsicht an griechische antike Quellen hielt, griff er auf Ktesias zurück.[206] Die Autorin polemisierte auch über die stylistischen und phraseologischen Anleihen bei Herodot und stellte

---

[203] Agath. 5. 19.

[204] Cameron (1985: 320).

[205] Diesbezüglich hat er an die Chronographie als langfristigen Trend angeknüpft. In dieser Hinsicht an Ktesias und nicht an Herodot angeknüpft haben, so meint George Rawlinsom, vorher schon Kefalion, Kastor, Polybios, Aemilius Sura, Pompeius Trogus, Nikolaus von Damaskus, Diodoros, Strabon, Velleius Paterculus, Clemens von Alexandrien, Eusebius, Augustinus, Sulpicius Severus. Siehe Rawlinson (1865: 165).

[206] Cameron (1964b: 41).

die Hypothese auf, dass Agathias dessen Werke nur aus dem Lexikon bzw. Auszügen kannte.[207] Im breiteren Kontext war er ihrer Meinung nach nur mit der Geschichte der Schlachten bei den Thermopylen und bei Plataiai vertraut.[208] Dem können wir teilweise zustimmen. Herodot ging nämlich der Ruf eines Lügners voraus, der tief eingraviert in die antike griechische Literatur war. Agathias hat das nicht auf die leichte Schulter genommen, ersichtlich an seinem Hinweis auf Ktesias. Daneben konnte er bei der Völkerkunde und Geographie, wie auch bei der Beschreibung der Realien auf zeitgenössische Quellen zurückgreifen, sasanidische Quellen nutzen und vor allem aus dem Werk seines Vorgängers Prokop entlehnen. Ganz natürlich würde er auf Herodot nur bei seinen Erzählungen über Schlachten, welche das Bild der ruhmvollen griechischen Vergangenheit prägten, zurückgreifen. Andererseits fällt es schwer, in diesem Falle die Schlußfolgerungen zu ziehen. Falls nämlich Agathias, der bewußt und zielstrebig die klassische Geschichtsschreibung nachahmte[209] Herodots Werk zur Gänze nicht gekannt hat, so können wir annehmen, dass nur wenige zur damaligen Zeit es ganz lesen konnten, so auch die Gebildeten, die Herodot verständlicherweise wegen seines Rufes als Lügner großteils ignorierten.

---

[207] Cameron (1964b: 44).

[208] Cameron (1964b: 48).

[209] Zur Imitation hat er sich bekannt im Abschnitt 3. 1 und im Bemühen um Archaisierung im Abschnitt 3. 5.

Diese Annahme bestätigt teilweise der Umstand, dass auch ein anderer Historiker, Menander Protector (sechstes Jahrhundert), an die Schriften von Thukydides anschloß.[210] Andererseits könnte Theophylakt Simokattes, ein Historiker an der Wende des sechsten zum siebten Jahrhundert, Herodots Geschichte vollständig kennen.[211] Dieser bevorzugte jedoch Thukydides und Xenophon und unter dem Einfluss der antiken Kritik, aber wie man zugeben musss auch aufgrund der eigenen kritischen Betrachtungen, hat er Herodots *Historien* großteils als eine Sammlung von Legenden verstanden. Sein Werk belegt jedoch zumindest, dass Herodot trotz aller Kritik gelesen wurde. Viele byzantinische Gelehrte haben sich anscheinend nur kurz an ihn gewandt, aber sein Werk ging nicht unter und mit Hilfe der Gelehrten der Renaissance ist es an der Wende vom 14. zum 15. Jahrhundert wieder in den Westen zurückgekehrt.

Kurzes Resümee

Abschließend   können wir festhalten, dass Herodot zu den am meist gelesenen Autoren des Altertums zählte. Man darf annehmen, dass ihn beinahe jeder Gebildete kannte. Es gab selbstverständlich auch

---

[210] Bei welchen Punkten siehe Baldwin (1978: 110).

[211] Daraus entnommen hat er 7. 16. 10, gibt sie als seine Quelle an 7. 16. 11, teils auch charakterisiert 7. 17. 3.

Zeiten, wo ihn die Autoren mehrheitlich nur anhand anderer Werke verwendeten, sein Name aber war fest im Bewußtsein verankert.

Herodot schuf sein Werk im klassischen Zeitalter und auch er selbst wurde zum Klassiker. Von Anfang an begleitetete ihn ungewöhnlicher Ruhm und damit verbunden auch Neid. Damit sich nachfolgende Generationen von Autoren mit seiner Autorität abfinden konnten, haben sie ihn nicht nur einmal und nicht immer berechtigterweise kritisiert. Seit dem fünften Jahrhundert verbreitete sich mit seinem Werk der Ruf eines Unterhaltunskünstlers und Lügners. Von Anfang an haben diesen Ruf Historiker verbreitet, um die eigene Originalität oder eigene Glaubwürdigkeit zu unterstreichen. Schrittweise wurde die Kritik zur Tradition, die sich mit Herodots Werk verbreitete. Nicht wenig Anteil an der Ablehnung hatte das Phänomen des Lokalpatriotismus, typisch für die griechischen Stadtstaaten, und zur Zeit des Römischen Imperiums auch der griechische Nationalismus, wie es literarisch von Plutarch ausgedrückt wurde.

Herodot war somit der „Vater der Geschichtsschreibung" und gleichzeitig auch der am meisten kritisierte Historiker des Altertums. Trotz aller Kritik verblieb er in der Aufmerksamkeit der Historiker, Etnographen und weiterer Wissenschafter, wie auch Redner und Politiker. Seine *Historien* sind ein literarisches Meisterwerk, in dem es wimmelt an einer Vielzahl raffinierter Verwirrungen und Entwirrungen, sodass auch in Zeiten, wo er wegen seiner faktographischen Fehltritte kritisiert wurde, man nicht aufhörte ihn nachzuahmen. Seine Beliebthiet in der Antike belegen schlußendlich auch Funde von Papyrusfragmenten der *Historien* in Ägypten. Man hat davon über 30 Stück gefunden, was ihn bezüglich der Anzahl unter die zehn am meist aufgefundenen antiken Autoren in dieser Region reiht, wobei unter den Historikern nur Thukydides sich mit ihm in dieser Hinsicht messen kann.[212]

Bibliographie

Albrecht, M. (1997).*A History of Roman Literature.* New York.

Allroggen, D. (1975). Herodot als literarisches und politisches Vorbild

des Demosthenes. *Hermes* 103, 423 – 434.

Baldwin, B. (1978). Menander Protector. *Dumbarton Oaks Papers.*

Braun, H. (1893/94).Die Nachahmung Herodots durch Prokop. Beilage

zum Jahresbericht 1893/94 des k. Alten Gymnasiums zu Nürnberg.

Burn, A. R. (1984).Persia and the Greeks. The defence of the West 546

– 478 B. C. Oxford.

---

[212] Murray (1972: 202).

Burns, T. (trans.). (2010). Marcellinus. Life of Thucydides.

Interpretation. *Journal of Political Fought* 38.

Cameron, A. (1964a). Christianity and Tradition in the History of Late

Empire. *Classical Quarterly* 14/2.

Cameron, A. (1964b). Herodotus and Thucydides in Agathias.

Byzantinische Zeitschrift 57.

Cameron, A. (1981). Images of authority: élites and icons in late sixth –

century Byzantium. In M. Mullet - R. Scott (eds.). *Byzantium and the Classical Tradition.* Birmigham.

Cameron, A. (1985).*Procopius and the sixth century.* Los Angeles.

Canfora, L. (2009). *Dějiny řecké literatury.* Prag.

Cartledge, P. (1997). Historiography and ancient greek self – definition.

In M. Bentley (ed.) *Companion to Historiography*. London - New York.

Cizek, A. (1975). From the historical truth to the literary convention:

the life of Cyrus the Great viewed by Herodotus, Ctesias and Xenophon. *Antiquité classique* 44.

Cuvigni, M. - Lachenaud, M. (trans.). (1981).*Plutarque. Oeuvres mora les*. Paris, v. XII-1, 16.

Dawson, D. (1996).*The Origins of Western Warfare.* Oxford.

Crosby, L. (1946). *Dio Chrysostom.Discourses.* Loeb classical library v. IV, 10.

Easterling, P. E. - Kenney, E. (Hsg.). (1983).*The Cambridge history of classical literature.*Cambridge.

Fornara, Ch. (1971). Evidence for a date of Herodotus publicati on. *Journal of Hellenic Studies* 91.

Habaj, M. (2013a). Die Rückkehr von Herodot in die westeuropäische Kultur. *Avriga* 2, 49 – 64.

Habaj, M. (2013b). Die Renaissance in Europa nördlich der Alpen und Herodot. *Kultúrne dejiny*1, 6 – 20.

Jeffreys, E. (2006). Writers and Audiences in Early sixth century. In S. Johnson (ed.). *Greek Literature in Late Antiquity.* Burlington, 127-139.

Fowler, H. W. - Fowler, F. G.(trans.). *Lucian of Samosata. The Works of Lucian of Samosata.* Oxford.

Gillet, A. (2009). The mirror of Jordanes: Concepts of the Barbarians, Then and Now. In P. Rousseau (ed.). *Companion to Late Antiquity.* Oxford.

Gray, V. (1989).*The Character of Xenophon´s Hellanica.* London – Bal

timore.

Gutzwiller, K. (2007).*A Guide to Hellenistic Literature.* Oxford.

Habicht, C. (1998).*Pausanias' Guide to Ancient Greece.* Los Angeles –

London.

Harmon, A. M. (ed.). (1913).*Lucian of Samosata.A True Story.* New

York.

Heckel, W. (1979). One more Herodotean Reminiscence in Curtius

Rufus. *Hermes* 107, 122-

123.

Hornblower, S. (2006). Herodotus' influence in antiquity. In

The Cambridge companion to Herodotus. Cambridge,306 –
320.

Jacoby, F. (1913). Herodotus. In A. Pauly - G. Wissow (eds.). *Realencyk*

lopädie der klassischenWissenschaften. Supplementband 2,
Stuttgard, 205 – 520.

Kaldellis, A. (2004). *Tyranny, History, and Philosophy at the End of*

Antiquity. Philadelphia.

Kennedy, A. George (ed.). (1989).*The Cambridge history of literary criticism.* Cambridge.

Marincola, J. (2007). The Persian wars in Forth century. Oratory and
Historiography. In E. Bridges - E. Hall - P. J. Rhodes. *Cultural
responses to the Persian wars.* Oxford.

McGing, B. (trans.). (2010). *Polybius'Histories.* Oxford.

Murray, O. (1972). Herodotus and Hellenistic culture. *Classical
Quarterly* 22, 200 – 13.

Nock, A. D. (1959). Posidonius. *The Journal of Roman Studies* 49.

Pelling, Ch. (2007). De malignitate Plutarchi. Plutarch, Herodotus and
the Persian Wars. In E. Bridges - E. Hall - P.J. Rhodes. *Cultural
Responses to the Persian Wars.* Oxford, 152 – 153.

Rawlinson, G. (1865).*The Five Great Monarchies III.* London.

Ray, R. (1999). Historiography. In F.A.C. Mantenello- G. Rigg (eds.)
*Mediaeval Latin.*Washington.

Riemann, K. A. (1967).*Das herodoteische Geschichtswerk in der Antike.*
München. (Dissertation).

Rogkotis, Z. (2006). Thukydides and Herodotus: Aspects of their inter
textual relationship.In A. Rengakos - A. Tsakmakis. (eds.).*Brill´s
Companion to Thucydides.* Leiden – Boston.

Rösler, W. (2002). The Histories and Writing. In E. Bakker - I. de Jong –

H. Wees (eds.). *Brill´s Companion to Herodotus.* Leiden.

Sandys, J. E. (2011). *A history of classical scholarship.* Cambridge,

3.Ausgabe.

Schmeja, H. (1965). Zu Herodot III. 119. Gymnasium 66.

Schoene, A. (ed.). (1875).*Eusebius. Chronicorum liber prior.* Berlin.

Stadter, P. (1980).*Arrian of Nicomedia.* Chapel Hill.

Tamiolaki, M. (2008). Lés Hellénique entre tradition et innovation.

Aspects de relation intertextuelle de Xénophon avec Hérodote
et Thucydide. Cahiers des études anciennes 45, 15 – 52.

Walbank, F. (2002).*Polybius, Rome and the Hellenistic World.* Camb

ridge.

HERODOTUS 3. 34: THE TERRITORIAL GAINS MADE BY CAMBYSES IN THE EASTERN MEDITERRANEAN

Michal Habaj

The Persian king Cambyses is best known for his invasion and subsequent successful conquest of Egypt. His expedition of 525 BC was conducted on two fronts – the mainland and the sea. In preparation for the naval phase of the campaign, the Persians had to seize control over the eastern Mediterranean. This tactical maneuver was given specific mention in Herodotus' account of Cambyses' success. According to the Greek historian, Cambyses conquered the sea for the Persians.[213]This is an important piece of information, which supports the fact that there were some additional territorial gains made under Cambyses. However, it is unclear which areas Herodotus was referring when he stated 'the sea'. Commentaries on Herodotus' *The Histories*

---

[213] Hdt. 3.34: *For it is saidthat ere this, certain Persians and Croesus sitting with him, Cambyses asked what manner of man they thought him to be in comparison with Cyrus his father; and they answered, "that Cambyses was the better man, for he had all of Cyrus' possessions and had won besides Egypt and the sea."* (translation Godley 1928).

differ;[214]and there have been ambiguous results from research into the developments in the eastern Mediterranean which concern the subject to some extent.[215] The problem is largely related to correct dating – it is difficult to assess which land was annexed by Persia under Cyrus, and which territorial gains can be attributed to Cambyses. In additon to that, the annexation of Samos can also be dated to the reign of Darius I.

This study focuses on understanding the given question with all its complexities. This necessarily entails a thorough analysis of the annexation process of those individual countries not explicitly mentioned by Herodotus as having been captured by the Persians under Cyrus or Darius. These include Cyprus, Samos, Cilicia and Phoenicia. Since Herodotus does not provide us with the exact time of their inclusion into the empire, the sources relevant to this question

---

[214] How & Wells (1912) suggested a hypothesis that Cambyses subjected the Phoenicians, however there are several arguments against this notion presented herein. A commentary by Asheri & Lloyd & Corcella (2007) does not provide an explanation of the given location.

[215] For more on Cyprus, see Gjerstad (1948); Watkin (1987); Lipinski (2004). For Samos, see Boffo (1983); Balcer (1995); Cawkwell (2005); Austin (1990). For Cilicia, see Casabonne (1996); Casabonne (2004). For Phoenicia, see Markoe (2003); Elayi (2013). For a basic introduction to the policies of Cyrus and Cambyses, see Dandamaev (1989) and Briant (2002).

will be examined and checked for the possibility that the land was captured under Cambyses. The key objective of this study is not to ascertain which areas Herodotus was referring to, but rather which areas were actually taken by Persia in preparation for the campaign to conquer Egypt. Herodotus' information is used here solely as an important starting point of examination, which implies that some territorial gains in the eastern Mediterranean were achieved under Cambyses.

Cyprus

Although some authors date the inclusion of Cyprus into the empire to the time of Cyrus,[216] Cyprus seems in fact to have been one of those lands seized by Cambyses. The wording adopted by Herodotus, taken

---

[216] Gjerstad (1948: 471) argued in favor of a later dating based on the loss of Cypriot-Egyptian patterns in sculptures originating from Cyprus during that period, which, as he suggests, points to a shift away from the Egyptian to the Persian sphere of influence, which, in turn, can be traced based on a growing number of Greek patterns in Cypriot sculptures. He also argued from the abandonment of the Cypriot workshops on Samos, Rhodes and Naucratis. Gjerstad's dating was also picked up by Karageorghis (1982: 69) for the Cambridge edition of ancient history. Gjerstad's arguments, however, were quite convincingly rejected by Watkin (1987: 161-163) due to chronological irregularities.

from the official Persian rhetoric, seems to be an important argument for this. Herodotus must have been well familiarized with the exact phrasing used in the king's official propaganda, spread by word[217],and undoubtedly it was for reasons of authenticity that he put the exact wording of the official documents of the king into the mouths of the Persians. His reference to 'Egypt and the sea' to mean the territorial gains made by Cambyses, corresponds exactly, and in the same sequence, to a similar reference made in Herodotus' lists of lands controlled by Darius, which reads 'Egypt, Beside the Sea'.[218] Exact identification of the areas referred to by these lists would help us move closer towards a full understanding of the meaning of Herodotus' words, as well as towards the exact territorial gains achieved by Cambyses. Some authors suggest, for instance, that it refers to Cyprus.[219] Apparently, the areas mentioned in the lists are

---

[217] This is evident in the fundamental compliance of his narrative with various cuneiform documents, both in Akkadian and Old Persian language, such as the *Nabonidus Chronicle*, the *Cyrus Cylinder,* and the *Behistun Inscription.* For the usage of Near Eastern rhetoric by the Greeks, see e.g. Sancisi-Weerdenburg (1985); Metzler (1984).

[218] See Lipinski (2004: 78); Behistun Inscription=DB§6; Darius' inscription at Susa=Dsaa.

[219] Lecoq (1997: 141); Lipinski (2004: 78).

ordered in a certain sequence.[220] The relevant section provides the following sequence: Egypt, Beside the Sea, Lydia, Ionia. If we accept the hypothesis that the peoples of the sea represent those of Cyprus, then the kingdoms mentioned subsequently in the inscription continue quite clearly from south to north.[221]

The conquest of Cyprus by Cambyses is also supported by ancient sources. According to Herodotus, the Egyptian king Amasis was the first to subdue Cyprus.[222]Assuming that he controlled it until his death (526 BC), the island could have become a part of the empire under the reign of Cambyses.

---

[220] See e.g. Briant (2002: 180).

[221] Other countries are listed in differing geographical directions.

[222] Hdt. 2.182; and also Diodorus (1.68.6), affirms that he subjected the Cypriot cities but does not state he was the first to achieve it. The Babylonian Chronicle of Nebuchadnezzar II. (BM 33041=Pritchard 1969: 308) also seems to affirm that in 567 BC Amasis controlled the Cypriot military forces. According to the Babylonian Chronicle, the military forces from "the distant regions in the midst of the sea" were called to fight in the battle of Amasis against Nebuchadnezzar. See also Tuplin (1996: 37). In any case, the Cypriots were already vassals of the Assyrians, and it has also been suggested that Cyprus was even controlled by the predecessor of Amasis, Apries, see Tuplin (1996: 36-37). To support our view, it is important that Herodotus mentions the dependence of Cyprus on Egypt.

Considering these facts, Cyprus seems to have been one of those lands seized by Cambyses. In my view, it is unlikely that the reversal of the Cypriot political strategy was connected to the annexation of Phoenicia by the empire,[223] since the annexation of Phoenicia did not automatically lead to the formation of the imperial fleet. Indeed, this is documented by the events in the Neo-Babylonian empire, during which Cyprus did not become a Babylonian vassal.[224] The Cypriots accepted the vassalage voluntarily,[225] probably as a logical consequence of the shifts of power in the eastern Mediterranean. By the time Cambyses had formed an imperial fleet, and Persia had conquered the eastern Mediterranean, the inhabitants of Cyprus quite logically chose to pay tribute to the new naval power, and switched from their Egyptian vassalage to subjugation by Persia.

---

[223] Also in Tuplin (1996: 16) *contra* Watkin (1987: 159).

[224] No evidence is provided to support the Babylonian dominion in Cyprus, and moreover, Herodotus (3.19) states Amasis was the first who made the Cypriots pay the tribute. However, this piece of information should not be overrated, because the Assyrian kings had already claimed title to the Cypriot vassals (see also Note 10).

[225] Hdt. 3.19.

Samos

The Ionians, and the inhabitants of the islands along the Ionian coast, were subjugated by Cyrus[226]; and the islands between Greece and Asia Minor were largely conquered by Darius.[227]However, the status of Samos remains questionable and poses two specific problems. Firstly, ancient sources do not clearly indicate whether the island had already come under Persian dominion under Cyrus, or whether it was in fact

---

[226] According to Herodotus (1.169) they succumbed after the Persians subjugated the Ionians on the mainland. However, this did not occur immediately, but only after the fall of the Neo-Babylonian Empire and a change in situation on the sea (Hdt. 1.143), since at that time the Phoenicians had already been subjugated by the Persians. The inhabitants of Lesbos, and probably other islands also, must have become Persian subjects some time between 539 BC (the conquest of Babylon, hence also the Phoenician cities) and 535 BC (the latter date corresponds to the fact that the Phoenicians might not have become Persian vassals immediately; it can be assumed that at the time when Gobryas took the office of Governor of Babylonia and *Ebir Nāri,* i.e. the lands west of the Euphrates river, the Persians already ruled in this area). However, in Grote's words (2001: 134), it could also have been sooner, and he adds that they may in fact have succumbed voluntarily because they were unable to defend the mainland. Briant (2002: 38) for instance, assumes they remained outside Cyrus' influence.

[227] Thuc. 1.16.1; Hdt. 6.49, 95-101.

later rulers who had conquered Samos. Secondly, reconstruction of the events can only rely on a rather exaggerated biography of Polycrates by Herodotus,[228] wherein the only reference Herodotus makes in respect of chronology is the island's subjugation under Darius.[229]

The first problem with Samos stems from the question of whether the island became part of the empire under Cyrus, or rather under later rulers. Some scholars support the dating to the period of Cyrus.[230] Such a dating, however, does not seem to comply with

---

[228] Not only do *The Histories* provide an extensive account of Polycrates, but Herodotus also regards him as a remarkably successful military leader (3.39), a cunning politician (3.44) and someone who negotiated with the Egyptian king as an equal ally (3.40-43). In his words, he was the first of the Hellenes who had set his mind upon having command of the sea (3.122).

[229] Hdt. 3.140-149.

[230] For example, Cawkwell (2005: 39) assumed, based on Herodotus' report (1.69) about the Ionian islands after Harpagus' subjection of the mainland, that Samos had become a part of the empire earlier under Cyrus. Likewise, Balcer (1995: 65) formulated the theory of the subjection of Polycrates by Cyrus. In his view, Polycrates could have been a vassal of Cyrus and an ally of Amasis at the same time, since during that period Egypt maintained neutrality.

Polycrates' policy as described by Herodotus, according to which Polycrates targeted islands, and cities on the mainland, in equal measure. [231] He mentions the island Lesbos specifically, but as mentioned above, it had apparently already belonged to the empire at the time of Cyrus. Polycrates would certainly not have looted in Persian territory if he were a Persian vassal. Indeed, he became a vassal only when he needed to resolve conflicts on Samos, which can be dated from Herodotus' writings to the period of Cambyses' reign.[232]

This brings us to the second problem. Herodotus dates the island's subjugation to the rule of Darius. According to this account, Polycrates became an ally only, not a vassal, when a number of his political adversaries were able to gain considerable support abroad. This is especially true for the case of the Lacedaemonians, who threatened his rule on the island. Herodotus framed the subsequent events into a shrewd plot line, wherein Polycrates asks Cambyses to send a messenger with a request for assistance in his expedition to Egypt. He then sent his adversaries on this expedition and thus got rid of the opposition. In this version of events, Herodotus transformed the obligation of a vassal into the unforced contribution of an ally.

---

[231] Hdt. 3.39.

[232] Hdt. 3.44.

Herodotus' interpretation of Polycrates as merely a Persian ally is untenable. It seems this view of Polycrates was espoused in an exaggerated biography of the tyrant that had spread across the island of Samos. It should be noted that Herodotus spent some time on the island[233],and was influenced by the local tradition insofar as he had begun to overestimate the status of Polycrates.[234]

If we consider Herodotus' description, omitting the heroic biography of Polycrates, and focus exclusively on potential signs of vassalage, i.e. dependent foreign policy and the payment of tribute, Polycrates can be clearly described as a vassal. Moreover, when Polycrates attempts to act independently and ignore Persian dominion, he is removed – in accordance with Persian policy toward their vassals. This can also be seen in one of Herodotus' versions of Polycrates' death. The Greek historian recorded that Polycrates had not respected the authority of the hyparch of Lydia, Oroetes. As a

---

[233]*Suda* s.v. However, the historicity of his own experience on the island as the basis for his knowledge has been recently discussed. For an example of "mirroring" in Herodotus' political perception on archaic Samos, see Irwin (2009: 404-415). Her excellent contribution engages with the "Now" in "Herodotus Now" and examines Herodotus' method of writing about the island. In my view, Herodotus political "mirroring" on archaic Samos was due to his own experience of the island, *contra* Pelling (2011: 1-2).

[234] For Herodotus' sources on Samos see Mitchell (1975).

result, Polycrates was removed by a representative of the Persian administration.[235] Of course, Herodotus adds that most of his sources saw the desire of Oroetes to directly rule the island as the motive behind the removal of Polycrates,[236] but both versions imply a Persian claim on the island. Moreover, it is hard to imagine the Persians – considering their campaign against Egypt – would have left behind such a powerful naval force as the one available to Polycrates.[237] He could easily have invaded Cyprian or Phoenician ports that had been

---

[235] Hdt. 3.121. Apart from the personal insult, the wording implies such a course of events, however the reason Herodotus looks for motives in the sphere of human emotions only reflects his own view of the causality of events. The key point of reference here is that Oroetes sent a messenger to Polycrates, who ignored his request. Thus, in Herodotus' view, Polycrates offended the pride of Oroetes and, between the lines, one can gather that Polycrates had refused to meet the obligations of a vassal and therefore he had to be removed.

[236] Hdt. 3.120. In a similar manner to the previous note, this point should be considered separately from Herodotus' excrescences. The island was controlled and governed autonomously by Polycrates. He probably did not act in accordance with Oroetes' policy and therefore he had to be removed, while Oroetes planned direct control of the island.

[237] He had a hundred fifty-oared ships, and a thousand archers (Hdt. 3.39), he provided Cambyses with forty triremes (Hdt. 3.44) and had great hope of ruling the eastern Mediterranean (3.122).

left unguarded by the Persian fleets. Thus, Samos seems to have been seized by necessity under Cambyses.

One has to admit that H.T. Wallinga is right to assume that Polycrates could only have built his navy and army with the help of Egypt. Thus, even before his vassalage to the Persians, he had acted as a vassal of the Egyptian king Amasis, and for Egypt's benefit he had provided the sea transport necessary for the Greek mercenaries to Africa.[238] When for some reason Polycrates lost the support of Egypt during a period of internal turbulence at Samos, enhanced by the foreign support of his political adversaries, he was forced to seek help from the Persians. However, in Herodotus, these interrelations are encumbered by the excrescences of various narratives.

Cilicia

The southern coast of Asia Minor was inhabited by Carians, Lycians, and Cilicians, and we learn from Herodotus that Caria and Lycia came under the dominion of the empire under Cyrus.[239]However, Cilicia

---

[238] Wallinga (1991: 181-182).

[239] For more on Carians see Hdt. 1.174; for Lycians see Hdt. 1.176. According to Isocrates (*Pan.* 4.161.) the Persians had never controlled Lycia, but he was probably pointing to the fact that, even under the Persians, local rulers governed the land.

remains questionable, because the exact dating of its subjugation cannot be ascertained definitely due to the scarcity of our sources. Thus, I will now summarize what is known about Cilicia in the fifth and sixth centuries BC, and thereafter I will examine the date on which Cilicia came under the dominion of Persia.

Cilicians were subjugated neither by the Neo-Babylonian Empire[240]nor the Lydian Empire[241],but there are reports available describing Cyrus' attitude towards this land.[242] One cannot say that he had no interest in Cilicia, because that would be an example of the *ex silentio* argument, considering specifically the facts we know about the subjugation of Lycia, which at the time of the Lydian hegemony in Asia Minor remained independent, only to be subjugated later by Cyrus. Thus, from the period of Cambyses we do not have any reference regarding Cilicia. Quite unexpectedly however, references to this

---

[240] In Herodotus' narrative (1.74) Syennesis acts as an independent ruler, *contra* Petit (1990: 42).

[241] Hdt. 1.28.

[242] Except for Xenophon's *Cyropaedia* (7.4.2; 8.6.7), which mentions the inclusion of Cilicia by Cyrus. However, Xenophon's account of the inclusion of individual lands by Cyrus sounds unreliable. In his view, Egypt was annexed to the empire by Cyrus, and thus his account is often anachronistic.

region appear in Herodotus' list of Darius' tax districts.[243] Interestingly, in Herodotus' list, this land represents a separate, fourth tax district, and a similar status within the Persian administration was only assigned to India.[244] All other lands are clustered into higher regional units, but only Cilicia and India feature separately. Even more surprisingly, Cilicia is not included in the lists of subjugated lands in the imperial inscriptions of either Darius or Xerxes.[245] Thus, the land may have been regarded as less significant by the Persians than by the Greeks. This in turn may have resulted in its special status within the empire, and in Herodotus' reference to this land as an independent vassal ruled to a great extent by individual kings.[246]

Let us now turn to the key question of the date on which Cilicia came under the dominion of Persia. Direct reports of this

---

[243] Hdt. 3.90.

[244] Hdt. 3.94.

[245] However, India is documented in Darius' inscription at Naqsh-e Rustam=DNa§6; Darius' inscription at Persepolis=DPe§2; Darius' inscription at Susa=DSm§2; Xerxes' inscription at Persepolis=XPh§3.

[246] After the unsuccessful expedition of Xerxes, Herodotus informs us that Xerxes appointed Xenagoras, son of Halicarnassus, as the ruler of Cilicia (9.107). For a brief summary of the status of Cilicia in the empire, see Dusinberre (2013: 46-47). Persian influence in the province is suggested by Casabonne (1996) based on numismatic finds and low-relief sculptures.

historic event are not available. As a result, it can only be confirmed with certainty that it became a part of Persia at some point during the reign of Cyrus, Cambyses or Darius. Indirect references to the event are contradictory. On the one hand, one could regard the reports of the considerable amount of tribute paid by the Cilicians at the time of Darius[247] as an indication of Cilician vassalage during the reign of Cyrus, since the land and its resources must have attracted the attention of Cyrus. Moreover, one more indication works in favor of Cyrus. *The Cyrus Cylinder* draws upon the policies of Ashurbanipal[248], and if Cyrus maintained this course of policy beyond the context of the Cylinder, and regarded the Persian empire an Assyrian heritage, then he would naturally also claim his right to rule Cilicia. Cilicia was, after all, among the Assyrian vassals[249], and Ashurbanipal himself boasted over its subjugation.[250]

On the other hand, the silence of Herodotus with regard to Cilician participation in the expedition to Egypt indicates the inclusion of these people later – by Darius. This dating to Darius' reign seems

---

[247] Hdt. 3.90. Cilicians paid 500 talents of silver, thereof 360 directly to the ruler. In addition they also paid with 360 white horses.

[248]*Cyrus Cylinder* 43. The Cylinder refers to the Cyrus' construction in Babylon following the previous construction under Ashurbanipal.

[249] For the Assyrian policy in Cilicia, see Bing (1969).

[250] Piepkorn (1933: B ii.73).

even more justified when one considers Herodotus' references to Phoenicians, Cypriots, and Ionians participating in Cambyses' fleet. Furthermore, the fact that Cilicians were omitted seems even stranger in the light of the fact that, under Darius and Xerxes, Herodotus often referred to the Cilicians as an important part of the Persian navy. According to his report, Cilician commanders – along with the Phoenicians – were held in high regard among the subjugated peoples at the time of Xerxes' expedition to Greece with the Persian naval force.[251] Cilician ports played an important role in this narrative, as it was from Cilicia that the Persians set out for battle against the Cyprian insurgents during the Ionian revolt.[252]The Cilician ports also served the Persian fleet during the expedition of Mardonius and Datis against Greece.[253] It is also known that as many as one hundred Cilician ships were involved in Xerxes' expedition to Greece in 480 BC.[254] If the Cilicians had taken part in Cambyses' expedition, Herodotus would presumably have mentioned them too.

---

[251] Here, the following sequence can be found: Phoenicians, a Cilician, Lycian, Cypriots and a Carian (Hdt. 7.98).

[252] Hdt. 5.108.

[253] Hdt. 6.43 (Mardonius' expedition) and 6.95 (Datis' expedition).

[254] Hdt. 7.90-91.

The above mentioned indications lead me to the assumption that Cilicia came under the dominion of Persia either under Cyrus or Darius; no evidence points to Cambyses.

Phoenicia

The inclusion of Phoenicia into the empire is substantiated by two sources. The first of these is *TheCyrus Cylinder*, which refers to Cyrus' rule after the conquest of Babylon from the Mediterranean sea to the Persian Gulf[255]. However, the trustworthiness of the document should be regarded with caution due to its propagandistic nature.[256] Secondly there are the Babylonian records, which suggest that Phoenicia had been a vassal during the times of Cyrus. The dating of those records implies that Cyrus appointed Gobryas a satrap of Babylonia in 535 BC. He acted as the satrap of Babylonia, and of *Ebir Nāri*, i.e. the lands west of the Euphrates river.[257] Having said that, even this title does not directly indicate the status of Phoenicia. Even previously, the Phoenician cities had paid tribute to the Neo-Babylonian kings, which

---

[255]*Cyrus Cylinder* 29.

[256] Cyrus is referred to as the ruler of all kingdoms previously controlled by the Neo-Babylonian king Nabonidus. However, this, at least for the Quedarites, does not correspond to reality (Hdt. 3.4).

[257] San Nicolò (1941: 56); Oppenheim (1985: 544).

implies that the title truly points to their influence in the region of Phoenicia.

No other written report of the annexation of Phoenicia by the empire under Cyrus the Great is available.[258]However, considering the fact that the Phoenician cities made their naval force available to the potential new ruler, as well as the fact that their annexation by the empire would help the ruler gain access to the Mediterranean trade routes, a lack of interest in the Phoenician cities on the part of Cyrus during his reign seems unlikely. It should also be noted that a Phoenician influence can already be garnered from the artistic expression of the Persians under Cyrus, as evidenced by the relief of a winged genius in Pasargadae at Gate R.[259]

In my view, an additional two arguments speak in favor of the subjection of the Phoenician cities by Cyrus. 1) It seems unlikely that the course of action taken by Cyrus in the western parts of the Neo-

---

[258] The Old Testament report by Ezra (3.7) about Cyrus and his consent to the trade between Judea on one hand, and Sidon and Tyre on the other, as part of which they were allowed to obtain cedar wood from Lebanon to construct the Temple of Jerusalem, is regarded in this research as a source unrelated to the status of the Phoenician cities. As noted by Briant (2002: 48) the report does not indicate the subjugation of Phoenicia.

[259] Farkas (1974: 7-9); Stronach (1978: 842); Jacobs (2010: 95).

Babylonian Empire[260]would differ from the course he had taken against the vassals of the subjected former Lydian Empire.[261] 2) If we admit as a fact that Judea had become a Persian vassal as early as under the reign of Cyrus, [262] it seems unlikely that the nearby Phoenician cities would have been spared the obligation of paying tribute to the Persians.

The question that remains is how to reconcile these logical assumptions with Herodotus' claim that it was Cambyses who had conquered the peoples of the sea. The key to at least a hypothetical answer to that question seems to be associated with the status of Miletus. This Ionian city had signed a contract with the Persians even prior to Cyrus' conquest of the Lydian empire. The exact scope of this contract is unknown, but according to Herodotus, the Milesians had nothing to fear from the Persians.[263] Thus, Miletus and Phoenicia could

---

[260] For an overview of events related to the Neo-Babylonian reign in Phoenicia, see Elayi (2013: 213-233).

[261] Hdt. 1.28. This report can be trusted since the events in Asia Minor, especially those related directly to the Greeks, Herodotus must have been consistently informed.

[262] Indicated by the following testimonies in the Old Testament: Ezr. 1:1-4; 5:13-14; 6:3; 2Ch. 36.22; Is. 45.1-2. For a critical evaluation a large number of sources are available, e.g. Bedford (2001); Fried (2002); Grabbe (2006).

[263] Hdt. 1.143.

be related, based on the facts of their status and their similar manner of bondage toward Persia. These lands were probably vassals with no obligations beyond the payment of a tribute and a theoretical protection of the Persian territory. At the time of Cyrus, they were probably permitted not to join in on conquering campaigns. For it is known that Cyrus did not undertake any expedition that would have required a naval force. Thus the Phoenicians probably got away with the payment of a tribute. Such a favorable status probably resulted from their voluntary subjection to Persia.[264] Thus, Herodotus' claim that Cambyses was the conqueror of the sea stems from his movements in the Mediterranean and not from any subjugation of Phoenicia.

---

[264] Hdt. 3.19, Here, Herodotus' words are usually interpreted differently. The most natural interpretation of the text, according to Watkin (1987: 159) is that their submission occurred just before they joined the Egyptian expedition. However, Herodotus does not explicitly state that they succumbed to Cambyses; he only makes clear that they succumbed. The reference to Cambyses is only related to the note that they were recruited for the navy. Plusquamperfect tense in Herodotus' expression may also indicate a date of subjugation prior to Cambyses' reign, see Asheri & Lloyd & Corcella (2007: 419). I do not use the argument in my reasoning, because of the uncertain meaning of this passage.

In my view, the hypothesis of the Phoenician vassalage already existing during the period of Cyrus is plausible, despite the theory of H.J. Watkin,[265] who assumed that Cambyses subjected the Phoenicians to the empire upon the conclusion of an agreement with the Arabs when the Persian army crossed the Arab territory. He argued that the annexation of the Phoenician cities by the empire was carried out in order to instigate changes in the geopolitical situation of Persia. According to Watkin, the Cypriots and the inhabitants of Samos, who had abandoned their Egyptian ally, followed suit and joined the Persians. It seems that the turnaround at the sea is indeed somehow related to Persian policy in Phoenicia. However, such a scenario does not necessarily entail acceptance of the vassalage by the Phoenicians, and that is exactly the assumption that Watkin makes. In my view, Cyprus joined the Persians as a result of the fleet formation by Cambyses, and not as a result of the annexation of the Phoenician cities, which may have taken place much earlier. The formation of a fleet consisting mostly of Phoenician ships does not necessarily mean that the Phoenician cities joined the Persians under the reign of Cambyses. As mentioned above, Cyrus may have obtained the tribute

---

[265] Watkin (1987: 159). Other authors also favored the annexation of Phoenicia during the period of Cambyses' reign, although not directly on the occasion of Cambyses' agreement with the Arabs. See Briant (2002: 49).

from Phoenicians in another form, and he probably did not have to use the Phoenician navy at all, as he did not launch any military operation in the Mediterranean.

Final evaluation:

1. The territorial gains made by Cambyses, as reported by Herodotus, pertain to the eastern Mediterranean. Under Cambyses, the Persians used the Phoenician navy for the first time, and in contrast to the events during the reign of Cyrus, they also maintained control over both Cyprus and Samos.

2. The voluntary subjugation of Cyprus resulted from the formation of the Phoenician fleet, and not from the annexation of Phoenicia. Phoenicians who lived in Cyprus must have been well informed about Cyrus' reluctance to use the military on the sea; thus it would be surprising had they succumbed voluntarily at such an early stage.

3. Samos was one of Cambyses' territorial accomplishments. The alliance between Polycrates and Amasis, and subsequently also Cambyses, indicated by Herodotus reflects an overstated tradition associated with the period of his reign on the island. The annexation of Samos

occurred due to a change in the external circumstances of the eastern Mediterranean, whereby the Egyptians ceased to subsidize Polycrates, who as a result needed to obtain resources at a time of internal turbulence on the island.

Bibliography

Asheri, D. & Lloyd, A. & Corcella, A. (2007). *Commentary on Herodotus Books I-IV*. Oxford: Oxford University Press.

Austin, M. (1990). Greek Tyrant and the Persians, 546 – 497 B.C. *Classical Quarterly* 40, 289 – 306.

Balcer, J. (1995). *The Persian conquest of the Greeks 545 – 450 BC*. Konstanz: Universität Konstanz.

Bedford, P. (2001). *Temple Restoration in early Achaemenid Judah*. Leiden: Brill.

Bing, J. (1969). *A History of Cilicia during the Assyrian Period*. Ann Arbor: Indiana University Press (Dissertation).

Boffo, L. (1983). *La conquista Persiana delle citta greche d'Asia Minore*. Roma: Accademia Naz. dei Lincei.

Briant, P. (2002). *From Cyrus to Alexander*. Winona Lake: Eisenbrauns.

Casabonne, O. (1996). Presence et influence Perse en Cilicie a l'Epoche Achéménide. *Anatolia Antiqua* 4, 121-145.

Casabonne, O. (2004). *La Cilicie à l'Époque Achéménide*. Paris: De Boccard.

Cawkwell, G. (2005). *The Greek Wars. The Failure of Persia*. Oxford: Oxford University Press.

Dandamaev, M. (1989). *A Political History of the Achaemenid Empire*. Leiden: Brill.

Elayi, J. (2013). *Histoire de la Phénicie*. Paris: Perrin.

Farkas, A. (1974). *Achaemenid Sculpture*. Leiden: Nederlands Instituut voor het Nabije Oosten.

Fried, L. (2010). Because of the Dread upon them. In J. Curtis, – J. Simpson, (Eds.). *The World of Achaemenid Persia*. (457-471). London – New York: I.B. Tauris.

Gjerstad, E. (1948). *The Swedish Cyprus Expedition*. Stockholm: Swedish Cyprus Expedition.

Godley, A. D. (ed. et trans.). (1928). *Herodotus in four volumes*. (volume 2). London: William Heineman.

Grabbe, L. (2006). *Judah and Judeans in the Persian Period*. Winona

Lake: Eisenbrauns.

Grote, G. (2001). A History of Greece: From the Time of Solon to 403

BC. Condensed and Edited by J.M. Mitchell and M.O.B.
Caspari. With a new introduction by Paul Cartledge. London –
New York: Routledge.

How, W. & Wells, J. (1912). *A Commentary on Herodotus*. Oxford:

Clarendon Press.

Irwin, E. (2009). Herodotus and Samos: Personal or Political? *Classical*

World 102, 395-416,

Jacobs, B. (2010). From Gabled Hut to Rock-Cut Tomb: A Religious and

Cultural Break between Cyrus and Darius? In J. Curtis, – J.
Simpson, (Eds.), The World of Achaemenid Persia. (91-103).
London – New York: I.B. Tauris.

Karageorghis, V. (1982). Cyprus. In J. Boardman, – N. Hammond,

(Eds.). Cambridge Ancient History. (volume III/3, 57-70).
Cambridge: Cambridge University Press.

Lecoq, P. (1997). Les Inscriptions de la Perse achéménide. Paris:

Gallimard.

Lipinski, E. (2004). Itineraria Phoenicia. Leuven – Paris – Dudley: Peeters.

Markoe, G. (2003). Die Phöenizier. Stuttgart: Theiss.

Metzler, D. (1987). Stilistische Evidenz für die Benutzung persischer Quellen durch griechischer Historiker. In H. Sancisi-Weerdenburg – A. Kuhrt, (Eds.). The Greek Sources. (89-91). Leiden: Nederlands Instituut vor het Nabije Oosten.

Mitchell, B.M. (1975). Herodotus and Samos. *Journal of Hellenic Studies* 95, 75-91.

Oppenheim, L. (1985). The Babylonian Evidence of Achaemenian Rule in Mesopotamia. In I. Gershevitch, Ilya (Ed.). *Cambridge History of Iran.* (volume 2, 529-588). Cambridge: Cambridge University Press.

Pelling, Ch. (2011). Herodotus and Samos. *Bulletin of the Institute of Classical Studies* 54, 1-18.

Petit, T. (1990). *Satrap et satrapies dans l'empire achéménide de Cyrus le Grand à Xerxès Ier.* Paris: Les Belles Lettres.

Piepkorn, A. (1933). *Historical Prism Inscriptions of Ashurbanipal I.*

Chicago: University of Chicago Press.

Pritchard, J. (Ed.). (1969). *Ancient Near Eastern Texts Relating to the Old Testament*. Princeton: Princeton University Press.

Sancisi-Weerdenburg, H. (1985). The death of Cyrus: Xenophon's Cyropaedia as a source for Iranian history. *Acta Iranica* 25, 459-471.

San Nicolò, M. (1941). Beiträge zu einer Prosopographie der neubabylonischen Beamten der Zivil – und Tempelverwaltung. Munich: Bayerische Akademie der Wissenschaften.

Stronach, D. (1978). *Pasargadae*. Oxford: Oxford University Press.

Tuplin, C. (1996). *Achaemenid studies*. Stuttgart: Steiner.

Wallinga, H. (1991). Polycrates and Egypt: the testimony of the samaina. In H. Sancisi-Weerdenburg – A. Kuhrt, (Eds.).Asia Minor and Egypt: *Old Cultures in a New Empire.* Leiden: Nederlands Instituut vor het Nabije Oosten.

Watkin, H. (1987). The Cypriote surrender to Persia. *Journal of Hellenic Studies* 107, 154-163.

ERSTE SLOWAKISCHE ENZYKLOPÄDIE DER ANTIKE

Tomáš Klokner

Antike Kultur und Zivilisation bilden nicht nur die Basis der europäischen Kultur, sondern auch der Weltzivilisation überhaupt. Die Identifizierung mit den demokratischen Traditionen der Antike, Suche nach Mustern in der antiken Kunst, Literatur, Einfluss der Philosophie, das alles ist seit der Zeit der Renaissance die Basis der europäischen Kultur. Auch nach der Entstehung der Tschechoslowakischen Republik im Jahre 1918 haben sich ihre Repräsentanten natürlich zu diesen Idealen gemeldet. Die Slowaken haben nach dem Eintritt in das neue staatliche Organ innerhalb von einer kurzen Zeit ihre erste Universität bekommen, als im Jahre 1919 die Comenius-Universität in Bratislava gegründet wurde. Dadurch haben sie die Möglichkeit gewonnen, die geeigneten Bedingungen zur Forschung der antiken Erbschaft zu bilden.

Da zu der Zeit in der Slowakei die einheimische Generation der Hochschulpädagogen fehlte, sind nach Bratislava Professoren aus den tschechischen Universitäten gekommen, um hier zu lehren. Ein großes Interesse am Latein-Studium hat verursacht, dass die Philosophische Fakultät der Comenius-Universität Kontakt mit dem Prager klassischen

Philologen, Antonín Kolář (1884 – 1963) aufgenommen und ihm die Zusammenarbeit angeboten hat. Kolář hat der Anreise in die Slowakei zugestimmt und Ende 1922 wurde er zum ordentlichen Professor der klassischen Philologie genannt. Auf dem neuen Arbeitsplatz haben auf ihn schwierige Aufgaben gewartet. Auf seinen Schultern hat die Aufgabe gelegen, für slowakische Mittelschulen die fachlich vorbereiteten Lehrer des Lateinischen und Griechischen zu erziehen und die Seminarbibliothek zu bilden.[266] Die Erfüllung der festgelegten Ziele hat Kolář auf erhebliche Weise auch die Tatsache erleichtert, dass er in Bratislava ausgezeichnete Studenten gefunden hat, unter ihnen auch Miloslav Okál und Július Špaňár, die zukünftigen slowakischen Universitätsprofessoren der klassischen Philologie.

Kolář hat an der Philosophischen Fakultät der Comenius-Universität ganze 20 Jahre gewirkt, zwischen den Jahren 1922 – 1942. Weitere Tätigkeiten an der Comenius-Universität hat ihm die rasche Änderung der politischen Verhältnisse im Jahre 1939 zerstört. Als einen qualifizierten Forscher hat sich ihn die Universität zwar etwas länger als seine tschechischen Kollegen behalten, aber letztendlich musste auch er im Jahre 1942 die Slowakei verlassen.

Wie der Nekrolog des Július Špaňár, eines der Schüler Kolářs erwähnt, nach zwanzig Jahren einer reichen Forschungs- und

---

[266] Okál (1964: 137).

pädagogischen Tätigkeit ist er mit Recht mit dem Gefühl des persönlichen Leides weggefahren.[267]Trotzdem hat er die Erinnerungen an den schönsten Teil des Lebens[268]und Freundschaft mit vielen seiner Schüler mitgenommen. Nach Kriegsende ist Kolář nach Bratislava nicht mehr zurückgekommen.[269]Bis zum Lebensende hat er in Benátky u Litomyšle (Böhmen) gelebt,ab dem Jahre 1951 als pensionierter Professor, der sich weiterhin der Übersetzung und dem Schreiben der Fachstudien gewidmet hat. Trotz seinem Austritt aus Bratislava hat er einen regelmäßigen schriftlichen Kontakt mit seinen Schülern gepflegt. Regelmäßig hat er vor allem mit Miloslav Okál korrespondiert, mit dem er fast eine väterliche Beziehung gebildet und auch aus der Sicht der Arbeit Interesse für die Zusammenarbeit mit ihm an mehreren Projekten gehabt hat. Davon zeugen mehr als vierzig seiner Briefe aus

---

[267] Špaňár (1963: 192).

[268] Literaturarchiv der Slowakischen Nationalbibliothek (= AL SNK), Archiv-Bestand 220, Sign. B 12 (Brief vom 28. Oktober 1956).

[269] Okál war überzeugt, dass seine Rückkehr nach Bratislava, in Hinsicht auf die Hindernisse, der der Krieg mitgebracht hat, nicht möglich ist. AL SNK, Archiv-Bestand 220, Sign. B 12 (Brief vom 27. August 1945). Aus einem anderen Brief erfahren wir, dass seine Feinde in Bratislava gegen seine Rückkehr kämpfen und dass sie sogar drohen, lieber die klassische Philologie in der Slowakei zu vernichten, als seine Rückkehr an die Fakultät zuzulassen. AL SNK, Archiv-Bestand 220, Sign. B 12 (Brief vom 25. Juli 1947).

den Jahren 1939 bis 1962, die den Fond des Miloslav Okál im Archiv der Literatur und Kunst der Slowakischen Volksbibliothek in Martin beinhalten.

Eines dieser Projekte war auch die slowakische Enzyklopädie der Antike. Kolář schreibt über sie auch in vier Briefen an Okál, die aus der Zeit vom 08. Oktober 1948 bis zum05. Januar 1949 stammen. Obwohl es zu ihrer Veröffentlichung und eigentlich auch zu der Beendigung nie gekommen ist,ist es interessant, in die Korrespondenz von Antonín Kolář, die erstaunliche Details der gedachten Publikation anbietet, Einblick zu nehmen.

Der erste Brief, in dem sich die Erwähnung der vorbereiteten Enzyklopädie der Antike befindet, stammt vom 08. Oktober 1948.[270]In der Einleitung des Briefes dankt Kolář für die Rezention Okáls seiner Übersetzung Ciceros.[271] Kolář interessiert sich gleichzeitig für die Position Okáls auf der Fakultät, vor allem für den Stand seiner Habilitation. Der Hauptgrund des Briefes ist aber die Bemühung Kolářs, Okál für die Zusammenarbeit an der slowakisch geschriebenen Enzyklopädie der Antike zu gewinnen und die damit

---

[270] AL SNK, Archiv-Bestand 220, Sign. B 12.

[271] Okál (1948).

---

zusammenhängende Bitte um Einleitung der Verhandlung mit einigen slowakischen Verlagen über die Veröffentlichung dieses Buches.[272]

Der Gedanke, die Enzyklopädie der Antike vorzubereiten, war vom älteren Datum und Kolář hat sich damit noch im Laufe seiner Wirkung in der Slowakei gewidmet. Nach der Erklärung des Slowakischen Staates im Jahre 1939 mussten die meisten Angestellten tschechischer Nationalität die Slowakei verlassen. Antonín Kolář hat dank seiner UnersetzbarkeitAusnahme bekommen und konnte hier bis zum 30. Juni 1942 bleiben. Als sich das Datum seiner Abfahrt näherte, hat Miloslav Okál noch versucht, das Ministerium für Schulwesen und Aufklärung zu überreden, mit der Bitte um Überlassung in der Slowakei. In seinem Gesuch hat er unter anderem auch auf die Bedeutung der von Kolář angedachten Enzyklopädie der Antike hingedeutet, in seiner Bemühung war er aber nicht erfolgreich.[273] Nach der Abfahrt aus der Slowakei hat Kolář in Hinsicht auf die Kriegsverhältnisse und Peripetien mit dem neuen Dienstort keine Möglichkeit gehabt, intensiver an der vorbereiteten Enzyklopädie zu arbeiten. Erst nach der Kriegsbeendigung hat er seinen Gedanken aktualisiert und Ende Sommer 1948 hat er begonnen, die ersten Hinweise zu bearbeiten. In Hinsicht auf die sich verbessernden

---

[272] AL SNK, Archiv-Bestand 220, Sign. B 12.

[273] AL SNK, Archiv-Bestand 220, Sign. B 12. (Brief vom 8. Oktober 1948).

Kriegsbedingungen hat er zuerst angenommen, die Enzyklopädie auf Tschechisch in Prag zu veröffentlichen. Bald hat er aber erfahren, dass die Professoren Ferdinand Stiebitz und Gabriel Hejzlar aus Brünn an einem ähnlichen Werk arbeiten und er selber war sich dessen bewusst, dass es nur geringe Chance gibt, dass ihn die Genannten zum Mitarbeiter an diesem Werk mitnehmen.[274] Da Kolář unter diesen Bedingungen seinen Gedanken nicht aufgeben wollte, hat er andere Möglichkeiten ihrer Realisierung gesucht.

Eine der Lösungen war, das Werk in der Slowakei zu veröffentlichen. Kolář ist von der Voraussetzung ausgegangen, dass falls diese Arbeit notwendig für die Tschechen ist, wird sie es auch für die Slowaken sein. Gleichzeitig war er sich dessen bewusst, dass das Werk die Slowaken nie angenommen würden, falls der Autor ein Tscheche wäre.[275] Ebenfalls wäre offenbar kein Verlag mit seiner Veröffentlichung einverstanden. Aus diesen Gründen hat sich Kolář auf seinen Schüler und Kollegen Miloslav Okál gewandt. Er hat damit argumentiert, dass die Verbindung der Kräfte des Slowaken und langjährigen tschechischen Professoren an der Bratislavaer Universität, der um die slowakische Forschung und Hochschulwesen

---

[274] Genannte Publikation des Autorenpaares Stiebitz – Hejzlar ist nie gedruckt erschienen.

[275] AL SNK, Archiv-Bestand 220, Sign. B 12. (Brief vom 8. Oktober 1948).

---

erheblichen Verdienst hat, eine willkommene Zusammenarbeit in der Gegenwart und in der Zukunft sein wird. Diesen Plan sollte auch die Tatsache unterstützen, dass die Enzyklopädie auf slowakisch veröffentlicht wird.[276]

Kolář hat Okál darauf hingewiesen, dass die Arbeit an der Enzyklopädie mehrere Jahre lang dauern wird, da keiner von den beiden ihr die ganze Zeit wird widmen können. Weiter hat er Okál informiert, dass, wenn er den Herausgebern sicherstellen wird, werden sie sich an der Verteilung der Arbeit vereinbaren, am besten im Laufe einer der Besuche Okáls in Prag. Zum Schluss hat er vermutet, dass ihr gemeinsames Projekt in der Slowakei keine Konkurrenz hätte. Kolář hat zwar die Tätigkeit nicht untergelassen, dass in Tschechien das mythologische Wörterbuch vorbereitet wäre, aber die von ihm angedachte Enzyklopädie hat er als seinen Teilersatz verstanden.[277]

Okáls Antwort auf die Zusammenarbeite war positiv, wobei er zum Herausgeber der gemeinsamen Arbeit entweder die Slowakische Stiftung (Matica slovenská)oderdie Slowakische Akademie der Wissenschaften vorgeschlagen hat. Im Brief vom 27. Oktober 1948 hat Kolář empfohlen, sich in der Frage ihrer Veröffentlichung nicht an die

---

[276]AL SNK, Archiv-Bestand 220, Sign. B 12. (Brief vom 08. Oktober 1948).

[277] Ibid.

Akademie zu wenden, da er in der Zeitung überdie Vorbereitung des slowakischen Konversationslexikon (etwa 6 Bänder)[278] gelesen hat. Er hat zwar die Überzeugung geäußert, dass dieser sicherlich keine Hinweise aus der klassischen Philologie beinhalten wird, hat aber die mögliche Konkurrenz vorgesehen, die die Akademie durch Veröffentlichung der angedachten Enzyklopädie bilden konnte. Er hat aber Okál vorgeschlagen, Interesse bei einigen privaten Herausgebern, bzw. Gruppen der Herausgeber, herauszufinden.

Aus dem Brief datiert bis zum 05. November 1948 ist klar, dass Okál geplant hat, die Slowakische Stiftung anzusprechen und Kolář ihm in diesem Zusammenhang detaillierte Instruktionen geschickt hat, die das Muster einer Seite der Enzyklopädie ersetzen sollte. Die Instruktionen betreffen nicht nur die inhaltliche, sondern auch die formellen Seiten des Werkes. Kolář hat sich in den Details der Publikation mit den ausländischen Wörterbüchern, vor allem mit Kleinem Lexikon der Antike,[279] Wörterbuch der Antike[280] und dem Oxforder Wörterbuch[281]inspiriert. Er hat die Positionierung des Textes in eine, und nicht in zwei Spalten vorgeschlagen, was er mit einer besseren Lesbarkeit und Raumsparung begründet. Er hat

---

[278]Zur Realisierung dieses Projektes ist es letztendlich nicht gekommen.

[279] Hiltbrunner (1946).

[280] Lamer, H. (1933).

[281] Harvey (1937).

vorgeschlagen, möglichst wenig griechischen Text einzufügen und ihn durch Lateinschrift umzuschreiben. Der Umfang der Enzyklopädie sollte sich nach seinen eigenen Worten um 500 Seiten bewegen. Er hat auch keine Bildseite vergessen, die die Skizzen der notwendigen Landkarten und einigen bedeutendsten Illustrationen bilden sollten. Als klassischer Philologe hat er geplant, die Grundprinzipien betreffend den Längen, metrischen Marken usw. einzuhalten.

Wie weiter Okál aus dem Brief erfahren hat, war Kolář in seinem Projekt so weit, dass ihm die vorbereitete Liste der Hinweise zur Verfügung stand. Im Falle der ersten zwei Buchstaben des Alphabets hat er auch die kompletten Hinweise aufgearbeitet und mit Okál wollte er die Arbeit erst ab Buchstabe C teilen.Aus der inhaltlichen Hinsicht hat er für sich die Hinweise betreffend griechische und antike Literatur, Philosophie, Religion, Metrik, Staatsordnung, Beziehungen der Europäischen Kultur zur Antike, Grammatik und zur Geschichte der klassischen Philologie vorbehalten. Meistens geht es um Themen, mit denen er sich wissenschaftlich in seinen Vorlesungen auf der Fakultät beschäftigt hat. Er hat Okál vorgeschlagen, die Hinweise aus der Mythologie, Geschichte, Militärwesen, privaten Realien, Kunst und Beziehung der Slowakei zur Antike zu bearbeiten. Kolář hat sein Werk als vorläufig betrachtet, er hat nicht ausgeschlossen, dass seine Liste der Hinweise ergänzt oder abgeändert werden kann. Er hat angenommen, dass über die Details sie sich mit Okál an den unregelmäßigen Treffen in Prag vereinbaren werden.

Trotz dessen, dass Kolář das ganze Projekt fast ins Detail geplant hat, wollte er mit der weiteren Arbeit nicht ohne die Garantie fortfahren, dass Okál in der Slowakischen Stiftungseine Teilnahme an der Vorbereitung der Enzyklopädie versichert. Er hat nämlich befürchtet, dass seine Feinde, wegen die er auch nach dem Krieg an die Universität nach Bratislava nicht zurückgekommen ist, von der geplanten Enzyklopädie erfahren und seine Realisierung vereiteln können. Aus diesem Grund hat er Okál empfohlen, alles still zu halten.

Nach der Präsentation des Projektes der Slowakischen Stiftungscheint es so, dass sie zuerst willig war, die Veröffentlichung der Enzyklopädie zu unterstützen, letztendlich ist es aber gescheitert.[282] Am 29. Dezember 1948 hat Okál an Kolář geschrieben, dass es nicht möglich ist, ihr gemeinsames Projekt wegen unwilliger Stellungnahme der Slowakischen Stiftungzur der Zeit zu realisieren. Kolářs Reaktion hat auf sich nicht lange gewartet und fünf Tage nach Neujahr informiert er seinen ehemaligen Schüler, dass er sich

---

[282] Im Brief vom 22. Dezember 1948 hat die Slowakische Stiftung Okál mitgeteilt, dass sie die Veröffentlichung der Enzyklopädie der Antike nicht unterstützen wird. Siehe AL SNK, Archiv-Bestand 220, Sign. E 32 (Brief vom 22. Dezember 1948).

entschieden hat, alle Arbeiten an der Enzyklopädie zu stoppen, da es keine Hoffnung auf ihre Veröffentlichung, weder in der Slowakischen Akademie der Wissenschaften noch in der Slowakischen Stiftung gibt. Gleichzeitig bittet er ihn, die Entwicklung der Situation in der Slowakei zu beobachten und im Falle der Bildung eines neuen Herausgebers der Bücher für die breite Öffentlichkeit, zu versuchen, ihn mit dem Angebot anzusprechen.

In der erhaltenen Korrespondenz zwischen Miloslav Okál und Antonín Kolář, die sich im Archiv der Literatur und Kunst der Slowakischen Nationalbibliothek in Martin befindet, wird die Enzyklopädie nicht mehr erwähnt.

Das Projekt von Kolář stellt den überhaupt ersten Versuch um das Schreiben ähnlicher Art der Arbeit in der Slowakei dar. Umso anspruchsvoller ist es zuzugeben, dass seitdem schon fast 66 Jahre abgelaufen sind, aber trotzdem ist es nicht gelungen, den ähnlichen Gedanken zu realisieren. Die Abwesenheit der ähnlichen Arbeit, wie zum Beispiel die *Encyklopedie antiky*[283]in der tschechischen Umgebung oder *Der Kleine Pauly*[284]in der deutschen, beginnt in der Slowakei spürbar zu sein. Deshalb hoffen wir, dass es gelingt, diesen Mangel in einer kurzen Zeit zu beheben.

---

[283] Svoboda (1973).

[284]Ziegler, K. – Sontheimer, W. (Hrsg.). 1979.

Bibliographie

Harvey, P. (1937). *The Oxford Companion to Classical Literature.*

Oxford.

Hiltbrunner, O. (1946). *Kleines Lexikon der Antike.* Bern.

Lamer, H. (In Verbindung mit Ernst Bux und Wilhelm Schone).

(1933). *Wörterbuch der Antike.* Leipzig.

Okál, M. (1947). (Rez.). Kolář, Antonín: *De re metrica poetarum Grae*

corum et Romanorum. Praha 1947. In: Čas 10.12. 1947.

Okál, M. (1948). (Rez.). Cicero: *O přirozenosti bohů.* Přeložil A. Kolář.

Praha 1948. In: Obroda22.05. 1948.

Okál, M. (1964). Za prof. Antonínom Kolářom. 28. 9. 1884 – 7. 6. 1963.

In: *Listy filologické* 87, 135-139.

Svoboda, L. et al. (1973). *Encyklopedie antiky.* Praha: Svoboda.

Špaňár, J. (1963). Prof. Dr. Antonín Kolář (1884 – 1963). In: *Zprávy JKF*

5, 191-193.

Ziegler, K. – Sontheimer, W. (Hrsg.). (1979). *Der Kleine Pauly.* Lexikon

der Antike (5 Bände). München.

BEILAGE

Die Briefen über Projekt der ersten slowakischen Enzyklopädie der Antike zwischen Professor Antonín Kolář und Miloslav Okál

Brief Nr. 1[285]

8. 10. 1948

Milý pane kolego,

především Vám dodatečně děkuji za Váš posudek mého překladu Cicerona, který jste mi před časem poslal; způsobil mi radost právě tak jako před tím Váš obšírný referát o mé Metrice.[286]

---

[285] AL SNK, Archiv-Bestand 220, Sign. B 12.

[286] Okál (1947).

Zajímalo by mě, jaká je Vaše nynější situace na fakultě, zejména jak pokročila Vaše habilitace. Či už je provedena? Hlavne však se dnes na Vás obracím s dotazem, zda byste mohl s vhodným k tomu slovenským nakladatelstvím zjednat pozdější vydání slovensky psaného Věcného slovníku antiky a mít spolu se mnou účastenství na jeho sepsání. Pamatujete se asi ještě, že jsem se již v Bratislavě zabýval myšlenkou složit takové dílo, o němž jste se zmiňovali i ve svém podání slov. MŠO za války stran mého ponechání na Slovensku. Dal jsem se teprve před nedávnem do skládání tohoto díla a zamýšlel jsem vydaje za nynějších poměrů u nás v Praze česky; zjistil jsem však, že dále pokročila podobná práce prof. Stiebitze a Hejzlara z Brna, a není naděje, že bych byl přibrán jimi za spolupracovníka na tomto díle. Nerad bych se však vzdal své myšlenky, a bude-li v dnešní době potřeba takové knihy pro Čechy, bude ji neméně třeba pro Slováky. Ve spojení se Slovákem snad by byla i dnes a příští době, ať přinese osud oběma našim národům cokoli, vítána spolupráce Čecha, dlouholetého profesora na bratislavské univerzitě, který má o slov. vědu a slov. vysoké školství leckterou zásluhu, zvláště když bude psaná slovensky. Bude to ovšem práce, jež potrvá několik let, poněvadž ani já ani Vy, s jehož spoluprací rozhodně bych počítal jako jediného odborníka na Slovensku pro ten účel nejpovolanějšího, nebudete ~~mít~~ moci věnovat jí všechen svůj čas. Zajistil-li byste nakladatele pro tento slovník, dohodli bychom se spolu o rozdělení práce, nejlépe za některé z Vašich

návštěv v Praze. Doufám, že na Slovensku by náš podnik neměl konku-
rence. V Česku se prý připravuje též slovník mythologický, jehož
částečnou náhradou by byl náš slovník, jenž by obsahoval co nejvíce
hesel mythologických, jež bude musit podnik český asi hodně omezit.
Přeji Vám hodně zdraví a úspechů ve Vaší práci a očakávam Vaši
zprávu.

Váš AntKolář

Brief Nr. 2[287]

27. 10. 1948

Milý pane kolego,

děkuji Vám za Váš dopis, který je projevom Vašeho souhlasu
s mou myšlenkou. Zmíňujete se v něm též o Matici nebo Akademii jako
nakladateli našeho spoločného podniku. Četl jsem však právě v našich
novinách, že Akademie chystá slovenský naučný slovník asi o 6

---

[287] AL SNK, Archiv-Bestand 220, Sign. B 12.

zvazcích. Ten bude jistě obsahovat též hesla z „klasické filologie" jako český naučný slovník Masarykův[288] a Vy budete jistě v této věci spolupracovníkem. To by nevadilo, abyste se neúčastnil na zpracování slovníku odborného z klas. filologie. Jistě si však nebude Akademie konkurovat vydáním Věcného slovníku antiky a proto bych nedoporučoval obracet se na Akademii stran jeho vydání. Lépe bude obrátit se na soukromé nakladatelství, ať už jednotlivé nebo na nakladatelské družstvo, jež se patrně utvoří podle nového zákona nakladatelského i na Slovensku. Bude třeba zajistit se při vyjednávání i po této stránce (pro případ združstevnění).

Jinak doufám, že všechny překážky šťastně překonáte a dojdete brzy svého cíle. Teším se na shledanou v Praze; budu tam kolem 10. listopadu v hotelu „Šoubek" na Václavském náměstí, kde se na mně doptáte, bude-li Vám možno zajet do Prahy s něčím určitým stran našeho podniku v tom týdnu.

Se srdečným pozdravem

Váš Kolář

---

[288] Masarykův slovník naučný, I-VII. Praha 1925 – 1933.

Brief Nr. 3[289]

Milý pane kolego,

děkuji Vám za dopis z 5. 11., kdy i já jsem Vám psal z Prahy pohlednici, abyste do Prahy nejezdil. Chci Vás trochu zasvětit do podniku, abyste mohl poslat MS potřebné informace. Velikost slovníku byla by, buď stejná jako v Hiltbrunnerově Kleines Lexikon der Antike, vydaném 1946 v Bernu v nakladatelství A. Francke (nemáte-li v knihovně univ. nebo sem., objednejte si!), t. j. o stranách 110x173 mm, nebo raději o něco větší (123x183mm), jak má oxfordský slovník Harveyův, který mám z brat. sem. kn. vypůjčený (Oxford 1937), zvláště budou-li typy o něco větší, jak bych doporučoval, než má slovník Hiltbrun.-ův, jehož písmo měří stejně jako v Lamerově Wörterbuch der Antike (Kröner v Lipsku 1933), který máte v sem. knihovně, t. j. 1 mm, což jse mi zdá trochu málo (záleží ovšem mnoho na kvalitě písma a tisku pro čitelnost).

Tisk by nebyl rozdělen do 2 stloupců na stránce, jak je u Lamera nebo Harveye, nýbrž pro úsporu místa a lepší čitelnost <u>normálně o 1 stloupci</u>. Hesla; byla by od sebe oddělena 3 mm mezerou (Hiltbrun. má

---

[289] AL SNK, Archiv-Bestand 220, Sign. B 12.

4 mm, což je mnoho, Lamer zase jen 2 mm, což ovšem stačí pri větší výraznosti záhlaví (tučné typy, jako má Lamer, jež, bych i já doporučoval, proti nevýrazné antikvě u Hiltbrunnera). Nad sloupci by byla vytištěna na okrajích po levé a pravé straně číslic stránek knihy hesla počáteční a konečné (levé a pravé, napr. Oppianos 326 str. l., 327 Orion str. pr.) V tisku by se použilo též kurzivy a prostokamého garmondu, řečtiny co nejméně (byla by transkripována latinkou!).

Rozsah slovníku by byl asi při větším formátě tisku 500 stran. Vzadu by neškodily náčrty potřebných map a několik jiných nejdůležitějších vyobrazení. Nutné budou též v drobném provedením metrické značky a -, též aspoň ^ pro označení stop a meter. Správnou výslovnost lat. a řeckých slov, což budou skoro samá jména vlastní, navrhuji označit v heslech nikoli čárkou, nýbrž - (ā), takže bude třeba písmen s touto délkou, kde této značky nebude, bude to znamenat, že hláska je krátká. Jak tomu je v klas. slovnících, navrhoval bych jména obecná v záhlavích začínat malým písmenem a jen jména vlastní psát velkou literou.

Mám pro Vás připravený soupis všech hesel, v němž bych označil hesla, jež by byla reservována pro Vás. U písmen A a B mám již zpracována všechna hesla, takže bychom si rozdělili práci až od písmena C. V podstatě bych zpracoval hesla týkající se obou literatur (i se stručnými obsahy hlavních lit. památek), filosofie, náboženství, metriky, státního zřízení, vztahů evropské kultury k antice (Vy byste si vzal na starost vztahy k Slovensku), gramatiky i hlavních věcí z dějín klas. filologie, pojmeme-li je též do slovníku (prozatím v seznamu nejsou). Vy byste zpracoval hesla mythologická, historická v jednotlivostech, vojenských a soukromých starožitností se týkající, o umění; o podrobnostech bychom se ještě dohodli na našich schůzkach, jež bychom konali občas v Praze pri Vašich zájezdech. Seznam může být též doplněn nebo pozměněn podle dohody.

Nežli se však dám do další práce, prosím Vás, pane kolego, ještě jednou, abyste zajistil v MS mou spolupráci na slovníku, i když tam bude známo, že ji bude konat Čech a zvláště já; možná, že se tak již stalo, ale potřebuji to vědět určitě. Obávám se totiž, aby moji nepřátelé, jichž zloba mě pronásleduje po 7 letech, jak ukázala nedávná událost, snad i Vám známá až do Prahy, nezmařili naše společné dílo, až se o něm dovědí; třeba proto zachovat věc v tajnosti. Někdy si myslím, nebylo-li by lépe všeho nechat.

To je tak asi prozatím hlavní, co jsem Vám chtěl pro Vaši potřebu o slovníku říci. To je myslím, dosti přesné, aby to nahradilo Matici ukázku jedné strany slovníku, kterou jí nebudeme tak hned moci posloužit. Především je třeba, abyste Vy měl svou věc zkoncovánu, a byste mohl dále klidně pracovat.

Přeji Vám brzký konečný úspěch a srdečně Vás pozdravuji.

20. 11. 1948

Váš AntKolář

Brief Nr. 4[290]

5. 1. 1949

Milý pane kolego,

po Vaší zprávě z 29. 12. m. r. o jednání s Maticí stran Věcného slovníku antiky vracím Vám vypůjčenou angl. knihu, ježto jsem se rozhodl nechat všeho, ježto není naděje v zdar podniku ani u SAV ani jinde, když odřekla MS, jež byla zprvu ochotna. Snad byste mohl sledovat vývoj nakladatelských poměrů na Slovensku, a utvoří–li se nějaké družstvo vedle MS a SA pro vydávání knih pro širší veřejnost – náš slovník je toho druhu a SA by už z toho důvodu nejspíše odmítla jeho vydání, poněvadž jde o publikaci nevědeckou – skusit štěstí tam.

---

[290] AL SNK, Archiv-Bestand 220, Sign. B 12.

Děkuji Vám, pane kolego, i jménem mé ženy za Vaše milé přání do nového roka, přejeme i Vám oba v tomto roce vše nejlepšího, zejména brzké zkoncování Vaší habilitace. Buďte hodně zdráv!

Váš AntKolář[291]

---

[291] AL SNK, Archiv-Bestand 220, Sign. B 12.

WILHELM KUBITSCHEK – AN AUSTRIAN SCHOLAR OF CLASSICAL ANTIQUITY

Tomáš Klokner

Knowledge of its own past comprises a significant part of every scientific discipline. Despite of that the historiography of classical antiquity somehow still escapes consistent treatment. We would like to contribute to bridging this gap in knowledge of lives, fortunes and successes of distinguished scholars of classical antiquity by presenting a humble portrait of Wilhelm Kubitschek. The following text does not attempt, in any sense, to bring a complex picture of life and work of this scholar, since such a goal has not yet been met even by much more advanced, German historiography. Instead it focuses primarily on recognition and assessment of his works, efforts and contribution to our field of study.

Wilhelm Kubitschek was born on 28 June 1858 in Bratislava as a son of high ranking postal officer of the imperial council, Wilhelm Kubitschek. Between 1867 and 1875 Kubitschek studied at an academic gymnasium in Vienna. He continued his studies at the University of Vienna, where he belonged to the first generation of students at the newly-founded Archeo-epigraphical seminar (1876) led by Otto Hirschfeld and Otto Benndorf.[292] Here Kubitschek specialized in classical philology, ancient history, classical archaeology and epigraphy.[293] In his studies, he was influenced by lectures of leading scholars as Max Büdinger, Alexander Conze, Wilhelm von Hartel, Karl Schenkl, as well as Otto Hirschfeld and Otto Benndorf.[294] As a member of Archeo-epigraphical seminar which fused ancient history and classical archeology, Kubitschek was asked to carry out a mission to southern Hungary, Croatia and Slavonia between 1878 and 1879 in order to study local antiquities.

His first journey to southern Hungary, Croatia and Slavonia Kubitschek took with his colleague Emmanuel Loewy.[295] The report on the result of the journey was published in *Archäologisch-epigraphische Mitteilungen aus Österreich-Ungarn*.[296] According to the report their journey lasted from 22 August to 9 November 1878. The report was divided into epigraphical part, written by Kubitschek, and an archaeo-

---

[292] Winkler (1982: 161).

[293] Pesditschek (2012: 674).

[294] Betz (1968: 314).

[295] Emanuel Loewy became, later on, a professor of classical archaeology and taught at universities in Rome (1891 – 1915) and Vienna (1918 – 1928). He also enjoyed a close friendship with Sigmund Freud. See Kenner (1987: 114 – 115).

[296] Kubitschek – Loewy (1879: 152 – 174).

logical part prepared by Löwy. Their primary aim was to study and record ancient remains *in situ*. They paid particular attention to epigraphical remains, reviewed their conditions and discovered and copied new ones. During their journey they visited these locations: Dalja, Erdöd, Almás, Osijek (Mursa), Pécs (Sopianae). In Pécs they parted ways: Löwy continued directly to Zagreb while Kubitschek paid a visit Hungarian city Keszthély (Mogentiana) and Teplice pri Varaždíne (Aqua Viva) before he reached Zagreb.

In a short time, Kubitschek set out on another journey, this time to Slavonia. The journey lasted from 25 July to 10 August 1879 and at this time Kubitschek was accompanied by another colleague, Josef Brunšmid (1858 – 1929). The report published after completing their mission shows that their primary aim was an epigraphical survey of the surroundings of late-antique Sirmium (Mitrovica).[297] However, already in the introduction to the report the authors note that this was not fully accomplished because of health issues. While Brunšmid suffered from cold fever right from the fifth day, Kubitschek became ill towards the end of the journey. On the way from Osijek to Sirmium they visited several sites (e.g. Diakovar, Vukovar, Ilok, Susek, Petrovaradín), some which Kubitschek had already known from his previous travels. Because of its significance and rich history, they devoted

---

[297] Kubitschek – Brunšmid (1880: 97 – 124).

most time to Sirmium, which provided them with the most extensive data.

After finishing his university studies and obtaining teaching qualification in classical philology in 1879, Kubitschek was assigned to Mariahilfer gymnasium in Vienna. Shortly thereafter he presented a work in Latin titled „*De Romanarum tribuum origine ac propagatione*", for which he was in 1881 awarded a doctorate in philosophy. For the winter semester of 1881/1882 academic year Kubitschek was granted a state scholarship in Berlin where he had a chance to meet many distinguished scholars and authorities in study of ancient history. During his stay in Berlin he regularly visited lectures of Theodor Mommsen, Emil Hübner, Adolf Kirchhoff and Otto Seeck.[298] He drew a lot of inspiration from his stay in Berlin, since in that time the study of ancient history was flowering in Germany. Authorities as Theodor Mommsen called to action, inspired and heavily influenced younger generations of colleagues. After his return from Berlin, Kubitschek worked as a high school teacher at Oberhollabrunn gymnasium (1881-1883). Here he grew his in ancient geography and published his remarks on cosmographer Iulius Honorius in the annual reports.[299]

---

[298] Szaivert (1996: 5 – 25).

[299] Kubitschek (1882 – 1883). See also Kubitschek (1885: 1 – 24; 278 – 310).

For 1883/1884 academic year Kubitschek was granted a scholarship in Italy. During his one year's stay he studied and collected a considerable amount of epigraphical data.[300] Afterwards he continued his career of a high school teacher on various schools in Vienna. Besides his teaching he also paid particular attention to his academic work. In 1886 he completed the *Handbook of Roman Antiquities* (Handbuch der römischen Antiquitäten) and decided to extend his dissertation and publish it under the title *„Imperium Romanum tributim discriptum"* (1889).

He did not lose his passion for travel even after finishing his studies. He set out on various study trips within the area of Habsburg monarchy as well as to various parts of the late Roman Empire. Sometimes he traveled by himself, sometimes with a companion. In 1893, for example, Kubitschek set out on a quite distant journey with archaeologist Wolfgang Reichel to Greece and Asia Minor.[301] Reports on his travels and discoveries were published on a regular basis on the pages of *Archäologisch-epigraphische Mitteilungen aus Österreich-Ungarn*. From a Slovak point of view, especially his visit to Brigetio

---

[300] Pink (1937: 20).

[301] They published a report on the result of the journey: Kubitschek – Reichel (1893: 93 – 105). For information on Wolfgang Reichel (1858 – 1900) see Vetters (1988: 30).

---

during the Easter of 1890 is of particular interest.[302] He visited the site with prof. F. Franze, a close friend with whom the reviewed local epigraphical remains in the vicinities of Uj-Szöny and Komárno.[303]

Exploring places which were under Roman influence centuries earlier helped to form his view of classical antiquity, but especially of Austria's Roman past which was his main area of interest. Moreover he certainly held the opinion, similarly to many of his colleagues, that a historian should know everything that could help him in the study of the past.[304] During his travels he repeatedly visited "the jewel" of Middle Danube – Roman Carnuntum. Kubitschek was fascinated by the history of this Roman settlement located near the city of Vienna. Already in the time of his interest in the site (late 80s and mid 90s of 19th c.), Carnuntum was known as *"Pompei at the gates to Vienna"*. Archaeological research lasted almost 50 years and bore fruitful results. Carnuntum was becoming still more popular which was obvious from the ever-growing number of visitors. Growing popularity of the site demanded a well-written travel guide which would synthetically shed light on the Roman presence in the area. Kubitschek promptly

---

[302] Kubitschek (1891a: 130 – 136).

[303] Kubitschek (1891a: 130).

[304] Already Polybios, a Greek historian of 2. c. BC listed the requirement of personal experience among the three conditions that should be met by any historian focusing on political history. Polyb. XII, 25e.

responded to this issue and in collaboration with Salomon Frankfurter he prepared the *Guide to Carnuntum* (Führer durch Carnuntum), first published in 1891. The success and popularity of the *Guide* is evident in its six editions until 1923. Thus, in his application for habilitation, Kubitschek was able to show his strong publishing activities and solid academic background. Subsequently, after his habilitation, Kubitschek became an associate professor of ancient history at the University of Vienna.[305]

It is, however, surprising that Kubitschek, an authority in the field of ancient numismatics did not show obvious interest in the subject during this period of his life. In the list of future lectures and courses which was a part of his application for habilitation there is no mention of numismatics.[306] However, later on Kubitschek incorporated numismatics into his research, probably under influence of his role model, Theodor Mommsen.[307]

In 1890 Kubitschek published his first review of a book on ancient numismatics. It was the work of Karl Bissinger dealing with Ro-

---

[305] In that time, it was not uncommon for a university lecturer to teach at a high school.

[306] Pink (1937: 20).

[307] E.g. Mommsen (1860).

man coin finds from Grand-Duchy of Baden.[308] A year later he published an article focusing on replicas of ancient coins and their usage in the teaching process.[309] In 1892 he delivered his first lecture at Numismatic Society in Vienna (Numismatische Gesellschaft in Wien) titled *Der sogenannte Einundzwanziger der aurelianisch-diokletianischen Münzordnung.* The lecture was subsequently published.[310] In December of 1892 Kubitschek became a member of the society and remained one for 44 years, until his death. Throughout his career he held various positions withi in the society, from ordinary member, through comitee member and editor, to president and lastly president emeritus. Already in 1984 he published 4 shorter articles in classical numismatics. It was in this time he completed one of his most significant works, the *Summary of last five years of ancient numismatics,* a commentary on the research in the field between 1890 and 1894.[311] In 1896, after these first successes Kubitschek was offered a position of extraordinary professor of Roman antiquity in Graz, and he decided to unexpectedly leave Vienna. At this point he also stopped his high school teaching activities.

---

[308] Kubitschek (1890: 373).

[309] Kubitschek (1891b: 1121 – 1139).

[310] Kubitschek (1892: 137 – 142).

[311] Kubitschek (1895-96).

Shortly thereafter Kubitschek's career got another break when he was offered a position at the cabinet of numismatics at Kunsthistorisches Museum in Vienna.[312] In the request of his return to Vienna it was Kubitschek's general scholarly significance and expertise in ancient numismatics that were emphasized.[313] Since Kubitschek did not want to give up his academic career, he conditioned his return by securing a professorial postition in Vienna.[314] Kubitschek was lucky in this respect since reopening the former positon of professor in numismatics was called for in academic circles for a long time. The position was formerly held by Joseph Hilarius Eckhel (1737 – 1798), a Jesuit and the founder of scientific numismatics.[315] Even the Office of the Highest Chamber (*Öberstkämmereramt*) was in for continuing this discontinued 30 years old tradition of combining the leading of imperial numismatic cabinet with teaching activities.[316] Kubitschek accepted the offer and during the Spring of 1897 he was designated a secondary Keeper of the imperial numismatic collection and extraordinary professor of Roman antiquity at Archaeo-epigraphical

---

[312] Szaivert (1996: 5).

[313] Pink (1937: 20 – 21).

[314] Szaivert (1996: 5).

[315] The Numismatic society called for setting up a position for general linguistics at the University of Vienna for several years. Pink (1937: 21).

[316] Pink (1937: 21).

seminar at the University of Vienna, with a specialization in ancient numismatics. However, the position was unpaid.

Another breaking point in Kubitschek's career came the following year. In 1989 Julius Menadier (1854 – 1939), the new director of numismatic cabinet in Berlin, visited Vienna and, however unofficially, offered Kubitschek a position in Berlin. The offer became official in Autumn and Theodor Mommsen himself approved it. Kubitschek was about to become the assistant of the director and was offered also a positon of extraordinary professor in numismatics at local university. The cabinet wanted to involve him with the projects of ancient coin collection from Northern Greece which was started at that time in Berlin. Scholars from Berlin found Kubitschek the best suited candidate for the cooperation, but Kubitschek decided to reject the offer and preferred to stay in Vienna. Today, his rejection of the offer is viewed as a manifestation of his national pride and loyalty.[317] His decision to stay in Vienna was surely based also on the presence of well-educated scholars of numismatics and inspiring academic environment.[318] At the Numismatic Society in Vienna Kubitschek had many close friends and supporters, e.g. Viktor von Renner (1846 – 1943),[319]

---

[317] Pink (1937: 21).

[318] Szaivert (1996: 6).

[319] Smiliarly to Kubitschek, even Renner was born in Slovakia – in the village of Kuchyňa. For more information see Koch (1984: 82).

major Andreas Markl (1829 – 1913),[320] or Lieutenant-Colonel Otto von Voetter (1841 – 1926).

Before the end of 1898 Kubitschek was designated a primary Keeper of the imperial numismatic collection and in short time, he was also allowed to create a numismatic collection for teaching purposes at the University of Vienna(*Lehrapparat*). In 1929 before his retirement, Kubitschek published an article in the Magazine of Numismatics which summarized the 30 years of building this collection.[321] In this summary he expressed also his personal feelings and emotions regarding this project. It is obvious that he attached deep significance to the collection and invested a great amount of energy in its building.

In the introduction to the summary Kubitschek tells the readers about the difficult beginnings of the project since the project was permitted originally only for one year. Subsequently the permit was extended to 3 year, and only after that it became unlimited.[322] During the first years he had to face problems with very low budget (500 crowns per year). The project was thus highly dependent on Kubitschek's friends and supporters.[323] In the article he also mentions the

---

[320] For more information see Koch (1973: 96).

[321] Kubitschek (1929: 57 – 60).

[322] Kubitschek (1929: 57).

[323] Szaivert (1996: 6).

humble goal of the project being *"to provide the student with a general overview of the work of a historically oriented numismatist, to discuss issues of classical and byzantine coinage within lectures and courses, to build a small specialized library and a collection of copied objects."*[324]

Kubitschek received great support, beyond his expectations. Among his main supporters were his close friends as Friedrich Imhoof-Blumer, a Swiss numismatist and Ioannis N. Svoronos, the director of the numismatic cabinet in Athens, who helped to build the library. Kubitschek was also specially grateful to the Numismatic Society in Vienna and its members Theodor Rohde, Andreas Markl, Otto Voetter, Karl Adolf Bachofen, Demeter Petrovits, count Windischgrätz adn Armin Egger.[325] Besides many minor purchases Kubitschek also managed to acquire gifts of whole collections, e.g. the collection of doctor Eugen Schott, consisting mostly of Roman coins and supplied with well-picked library of around 3500 titles.[326] Kubitschek managed to acquire

---

[324] Kubitschek (1929: 57): „*Allgemeine Vorstellung vom Arbeiten des historisch orientierten Numismatikers zu vermitteln, dann in Vorlesungen und Übungen die Fragen der antiken und byzantinischen Münzkunde zu erörtern und eine kleine Fachbücherei, sowie Abgüsse und Abdrücke oder Durchreibungen von Originalen zu sammeln*".

[325] Kubitschek (1929: 57).

[326] Kubitschek (1929: 58).

also the inheritance after Josef Schellinger, a high-school teacher from Moravian Ostrava. The inheritance consisted of approximately 1070 coins of ancient, medieval and early modern date. Even the collection of ophthalmologist Josef Brettauer from Trieste ended up in Kubitschek's collection. This collection, *"Medicina in Nummis,"* consisted of a large number of medical medals and coins and enabled a wholly new numismatic specialization. The most significant contribution to Kubitschek's collection came from his friend, Josef Scholz, who left behind to Kubitschek the Greek part of his ancient coin collection, with a complete catalogue. In addition to that, Kubitschek purchased several galvanotypes from the British museum.[327]

After overcoming the harsh beginnings and expansion of the collection Kubitschek had to face problems concerning the storage of the collection. The collection officially belonged to the Archaeo-epigraphical seminar and thanks to the good will of the management Kubitschek got two rooms in the basement of the university where the collection could be stored.[328] According to his colleagues, in this time Kubitschek fully concentrated on his work and they could not bring him greater joy than a present to his collection.[329]

---

[327] Kubitschek (1929: 58).

[328] Kubitschek (1929: 58).

[329] Pink (1937: 21).

Except for building the collection, Kubitschek focus also on its cataloguing. For this task he found two excellent co-workers, Alfons Barb, his assistant, and Karl Elsner, a member of the Numismatic Society.[330] With regard to his retirement in 1929 Kubitschek started to feel sad since he was about to leave so well-known place. He described his feeling this way: *"When handing over the office to my successor I feel as a father who lets his child go and live his own life. All the love and care needed in the child's upbringing wakes again, but now twice as strong."*[331]

Let us now return to Kubitschek's work in the Kunsthistoriches museum in Vienna. In 1903 he started to work at the Central Committee for research and restoration of works of art. A year later he became the main conservationist of antiquities in the Austrian lands.[332] In 1910 he became the director of the Department of antiquities of the imperial cabinet. He remained at this position until 1916 and achieved remarkable results. His successes were partly also the result

---

[330] Kubitschek (1929: 58, 60).

[331] Kubitschek (1929: 60): *„Bei der Übergabe des NLA an meinen Nachfolger im Lehramt fühle ich mich in der Stimmung eines Vaters, der sein Kind in eine neue Umgebung zu entlassen im Begriff ist: alle Liebe und Fürsorge, die seine Heranbildung gekostet hat, wachen neu und gleichsam verdoppelt auf."*

[332] Winkler (1982: 161).

of the times during which he lived. That time's Vienna became a very popular place of ancient numismatics. The creation of Viennese school, the member of which met regularly and explored the history through the development of money, contributed to the growing general interest in the field. The school was led by Alexander Missong (1847 – 1885) and later by Otto Voetter. The school had formerly 6 members (Alexander Missong, Josef von Kolb, Andreas Markl, Theodor Rhode, Franz Trau and Otto Voetter) and specialized in late-antique coins, predominantly from the third century AD.[333] Wilhelm Kubitschek joined the school and took care of the hardly built collection, in order to preserve it for scientific purposes and for future. This was warmly welcomed by the other members of Missong's group.

Thanks to this Kubitschek managed to regularly expand the collections of the numismatic cabinet. In 1901 he acquired the collection of Andreas Markl which consisted of approximately six thousand coins of emperors Claudius II. and Quintillius. In 1906 a valuable collection of Adolf Bachofen, consisting of one thousand gold and silver coins, found its way to the cabinet. Two years later Kubitschek acquired the largest contribution to his collection – the collection of Otto von Voetter consisting 30 000 late Roman coins. In the following years he continued expanding the cabinet's collection. Some of the coins

---

[333] For more information see: Dembski (accessed on 26.11. 2013. 18:10).

were purchased and some of them found its way to the cabinet direct-ly from archaeological fieldworks to which Kubitschek constantly paid great attention. He focused especially on the coin find from Roman Carnuntum and Lauriacum. The effectiveness of his work is evident from a siple statistics: in 1916, when leaving the numismatic cabinet at the Kunsthistorisches museum, the inventory of Greek coins rose from the original 27602 objects to 37025 objects and the number of Roman coins almost doubled.

After the relocation of the imperial numismatic cabinet into new premises in 1910, Kubitschek started re-cataloguing the imperial collection. However, he never finished this task because of the out-break of the WW1. After its end Kubitschek had to deal with many other issues and the idea of finishing the re-cataloguing the imperial collection was left for future generations. Kubtischek was worried about the future of the field itself since the older generations of schol-ars were slowly dying out and the younger generations did not pro-duce many scholars with an interest in numismatics. He expressed his worries in an article on the numismatic collection and research of earl Klement of Westphalia.[334]

---

[334] Kubitschek (1915: 131 – 184).

In 1914, a distinguished epigrapher and ancient historian at the University of Vienna, professor Eugen Bormann retired.[335] This brought another opportunity for Wilhelm Kubitschek to boost his career. In a short time, he left Kunsthistorisches museum and became the Bormann's successor. In 1916 he was designated a professor of ancient history, and after the death of professor Adolf Bauer he cover also the chair the Roman history. Despite of his many tasks he never lost his passion for numismatics. He regularly visited the numismatic cabinet and always asked about the new publications and objects.[336]

Besides his extensive organization works and collection building he devoted great amount of time to his scholarly outputs. His research interests were manifold and he never limited himself to only one field within the study of classical antiquity. Of course, numismatics had a special place within his interests, however he knew that if someone is to seriously approach this field, he has to acquire extensive knowledge of various aspects of life in antiquity. That is why focused on various issues within ancient chronology, geography, Greek and Roman epigraphy,[337] and ancient economy.[338]

---

[335] Bormann taught also at the German university in Prague. Vidman (1975: 48).

[336] Pink (1937: 23).

[337] Kubitschek (1926).

[338] Kubitschek (1932).

Rudolf Egger, in his Kubitschek's bibliography clearly manifested the depth and great extent of Kubitschek's works.[339] It is clear from the text that he devoted a lot of time to numismatics. He wrote a monograph on Roman republican coinage[340] and published almost in issue of the *Numismatic magazine* (Numismatische Zeitschrift). Since 1899 he was a member of the editorial board of the magazine and later (1907) became the editor. In 1908 became the editor-in-chief and remained at this position until 1927. Under his editorship the *Numismatic* magazine gained recognition and scholarly prestige in Austria. Kubitschek himself published more than 60 articles in the magazine. These articles dealt with various issues of Celtic, Greek, Roman and Byzantine coinage.

Kubitschek regularly published also in other periodicals, especially in the monthly journal of the Numismatic Society in Vienna (*Monatsblatt der Numismatischen Gesellschaft Wien*), magazine for Austrian gymnasiums (*Zeitschrift für Österreichische Gymnasien*), Archaeo-epigraphical reports from Austria-Hungary (Archäologisch-epigraphische Mitteilungen aus Österreich-Ungarn), German *Hermes* magazine and others. He published even in the scholarly annuals focusing of the antiquity, but after the outbreak of WW1 they disap-

---

[339] Egger (1937: 290 – 323).

[340] Kubitschek (1911).

peared. For an instance Kubitschek himself created the *Annual for antiquity* (Jahrbuch für Altertumskunde) published between 1907 and 1913 (7 volumes).[341]

Another important field of Kubitschek's interest was ancient chronology within which he was interested chiefly the sites of Eastern Mediterranean. This professional interest resulted in a handbook on chronology.[342] Kubitschek concentrated very intensively also on ancient geography. His work between 1916 and 1919 resulted in another monograph.[343] His work and passion for Greek and Roman epigraphy is evident as well. On his many study trips he copied and recorded a large amount of epigraphical data which he subsequently published within *Corpus Inscriptionum Latinarum* with a detailed commentary.[344] As a true patriot he ascribed great significance to the Roman history of Austria. This was closely related to questions regarding the limits of Roman Empire. In order to always have the most up-to-date information, he regularly took part in archaeological excavations, especially in Carnuntum and Vindobona.

---

[341] Betz (1968: 314).

[342] Kubitschek (1928).

[343] Kubitschek (1919).

[344] See Theodor Mommsen in CIL, Suppl. 4 a 5, praef.

Kubitschek remained academically active even after his retirement. Moreover, some of his most significant works were written in this period. Influenced by a new flowering of Roman numismatics in Britain, he wrote two remarkable works on the coinage of emperors Nerva[345] and Marcus Aurelius and Lucius Verus.[346] To the issue of the limits of Roman Empire Kubitschek devoted a monograph assessing older research of Roman borderline in Panonia.[347] During this time he also published a collection of essays on Ptolemy I., his last major work in ancient geography.[348]

A substantial part of his lifetime achievements lies in his colaboration on the project of *Paulys Realencyclopädie der classsichen Altertumswissenschaft* for which he wrote 229 entries from the fields of numismatics and chronology (e.g. *as, aureus, binio, bigati, bomios),* politcal, social, economic and religious history and ancient geography (e.g. *alimentum, aedilis, Hieromykes, Königs-, Priester-, Eponymen-, Beamtenverzeichnisse, legio 1, signifer, tribus*). From the Slovak point of view, we should also note, that he also authored a short entry on Laugaricio[349] where he briefly summarized previous researh on the

---

[345] Kubitschek (1933: 4 – 22).

[346] Kubitschek (1932).

[347] Kubitschek (1929).

[348] Kubitschek (1935).

[349] It stays unclear why has the entry in RE form *Langaricio* and not

site.[350] The name Laugaricio denotes non-Roman settlement mentioned in an inscription placed on the rock upon which the Trenčín castle is standing. He also gives the identification number of the inscription as listed in *Corpus Inscriptionum Latinarum* and notes that previously the inscription was regarded as false under different number.[351] Kubitschek also mentions that a part of the II. legion Adiutrix probably under the command of Marcus Aurelius and Commodus spent a winter at this place. Moreover, he thinks that the inscription was created to serve as a reminder of their stay at the place. The entry included the Latin original of the inscription, however Kubitschek avoided the damaged ending containing the problematic name of a Roman commander. Of course, today we know that the name was Marcus Valerius Maximianus, but the inscription from Algerian Zana which helped to identify the name was unknown in Kubitschek's time. In the entry he also discusses the possible number of soldiers mentioned in the inscription, according to him it could have been 855 or 859, and finishes the entry with the problem of exact localization of

---

Laugaricio.

[350] Kubitschek (1931: c. 541).

[351] It was rekated to the primary description made by the local priest Stárek and sent to Theodor Mommsen in a rather inconsistent way. Momsen could only regard it as false.

---

the Roman settlement. 80 years have passed since the publication of this entry and the issue has not yet been fully explained.

Even though Kubitschek wrote the majority of his works in German and published them in Austrian and German journals, he gained recognition abroad as well.[352] As a scholar with expertise in ancient numismatics, epigraphy, classical archeology, chronology, geography and ancient history, Kubitschek should rightly be regarded as a polymath. Among his peers he was known to avoid any visible or lavish expressions of honor and respect. He was fully satisfied with the fact, that his result contributed to a solution to a problem.[353] In order to mention at least the most important awards of Kubitschek's work, it must be noted that in 1890 he became a corresponding member, and from 1983 a full member of the German Archaeological Institute. In 1899 he was elected a member of the newly-founded Austrian Archaeological institute. The Austrian Academy of Sciences named him its corresponding member (1904) and later on a full member (1918). Throughout his career Kubitschek gained even various international awards. He was awarded an honorary membership to numismatic societies in Britain (1904), Italy (1913) and Hungary (1925). In 1923 he

---

[352] He was well read in English, Italian and Latin, in which he published his dissertation.

[353] Pink (1937: 23).

was awarded an honorary medal by the English numismatic society and 10 years later the American numismatic society awarded him the prestigious Huntington medal.[354]

It is obvious that Kubitschek extended his knowledge and expertise all his life by various study trips and regular visits to museums and important sites around the Mediterranean. Moreover, he stayed in touch and maintained vital relationships with many renowned scholars which helped him to face even the biggest challenges of his profession.

Wilhelm Kubitschek died on 2. October 1936 and the field of classical studies lost one of its last broadly specialized experts. Kubitschek's successors Karl Pink (1884 – 1965) and Robert Göbl (1919 – 1997) continued his efforts at the University and at the numismatic cabinet of the Kunsthistorisches museum. Göbl managed to set up a new numismatic institute at the University of Vienna.[355] However,

---

[354] Huntington medal is regularly awarded since 1918. It was later awarded to scholars as Harold Mattingly (1938), Arthur Evans (1940), Jocelyn Toynbee (1956), Andreas Alföldi (1965) a many others. http://de.wikipedia.org/wiki/Archer_M._Huntington_Medal (accessed on 26.11. 2013 16:03)

[355] The institute was created in 1965 on the 600th anniversary of establishing the University of Vienna. The institute was named *Institut für Antike Numismatik und vorislamische Geschichte Mittelasiens*. Its first director

without Kubitschek's previous efforts that would only hardly be possible.

Despite of the fact that Kubitschek did not manage to finish all his works and bring to life all his ideas (e.g. he planned to establish a collection of Greek coins from Habsburg monarchy), he left behind a strong legacy which should not be overlooked even today, almost 80 years from his death. Kubitschek showed himself to be a modern scholar in many respects and that is why he could be a great source of inspiration for today's researchers.

Bibliography

Betz, A. (1968). Kubitschek Wilhelm. In *Österreichisches*

   Biographisches Lexikon 1815 – 1950. Band 4. Wien, 314.

Dembski, G. *Der Missong- Kreis im Wien des zu Ende gehenden 19.*

   Jahrhunderts: sechs engagierte Sammler von römischen

---

was Robert Göbl. Today the institue is called *Institut für Numismatik und Geldgeschichte*. See http://numismatik.univie.ac.at/institut/ (accessed on 26.11. 2013 15:51)

Kaisermünzen des 3. Jahrhunderts. In: http://www.muenzgeschichte.ch/downloads/collectors-missong.pdf (accessed on 26.11. 2013. 18:10).

Egger, R. (1937). Wilhelm Kubitschek. In *Almanach der österreichischen Akademie der Wissenschaften in Wien* 87, 290 – 323.

Kenner, H. (1987). Loewy, Emanuel. In *Neue Deutsche Biographie.* Band 15. Berlin, 114 – 115.

Koch, B. (1973). Andreas Markl. In *Österreichisches Biographisches Lexikon* 1815 – 1950. Band 6. Wien, 96.

Koch, B. (1984). Renner, Viktor von. In *Österreichisches Biographisches Lexikon* 1815 – 1950. Band 9. Wien, 82.

Kubitschek, W. (1882-83). *Kritische Beiträge zur Cosmographia des Julius Honorius.* 2 Bände. Oberhollabrunn.

Kubitschek, W. (1885). Die Erdtafel des Julius Honorius. *Wiener Studien* 7, 1 – 24; 278 – 310.

Kubitschek, W. (1890). rez. Bissenger, Karl: Funde römischer Münzen im Großherzogtum Baden. *Zeitschrift für Österreichische Gymnasien* 41, 373.

Kubitschek, W. (1891a). Inschriften aus Brigetio. *Archäologisch-epigraphische Mitteilungen aus Österreich-Ungarn* 14, 130 – 136.

Kubitschek, W. (1891b). Erläuterungen zu einer für den Schulgebrauch ausgewählten Sammlung galvanoplastischer Abdrücke antiker Münztypen. *Zeitschrift für Österreichische Gymnasien* 42, 1121 – 1139.

Kubitschek, W. (1892). Der sogenannte Einundzwanziger der aurelianisch-diokletianischen Münzordnung. *Monatsblatt der Numismatischen Gesellschaft* 2, 137 – 142.

Kubitschek, W. (1911). *Studien zu Münzen der römischen Republik.* Wien.

Kubitschek, W. (1915). Des Grafen Klemens Westphalen Münzsammlung und Münzforschung. Ein vorläufiger Bericht, zugleich als Übersicht über Ziel und Stand der Forschung auf dem Gebiete der spätrömischen Numismatik. In*Numismatische Zeitschrift* 48, 131 – 184.

Kubitschek, W. (1919). *Itinerar-Studien.* Wien.

Kubitschek, W. (1926). *Römerfunde von Eisenstadt mit einem Beitrag von Sándor Wolf*. Wien.

Kubitschek, W. (1928). *Grundriß der antiken Zeitrechnung*. Wien.

Kubitschek, W. (1929a). *Ältere Berichte über den römischen Limes in Pannonien*. Wien.

Kubitschek, W. (1929b). Der numismatische Lehrapparat der Universität Wien. Zu seinem dreißigjährigen Bestand. *Numismatische Zeitschrift* 62, 57 – 60.

Kubitschek, W. (1931). Langaricio. In *Paulys Realencyclopädie der classsichen Altertumswissenschaft*, Supplementband V, 541.

Kubitschek, W. (1932). *Zur Abfolge der Prägungen der Kaiser Marcus und Verus*. Wien.

Kubitschek, W. (1933). Nervas römische Münzen. In*Anzeiger der Akademie der Wissenschaften in Wien* 70, 4 – 22.

Kubitschek, W. (1935). *Studien zur Geographie des Ptolemaios. I. Die Ländergrenzen*. Wien.

Kubitschek, W. – Brunšmid, J. (1880). Bericht über eine Reise in die

Gegend zwischen Essegg und Mitrovica.In *Archäologisch-epigraphische Mitteilungen aus Österreich-Ungarn* 4. 1, 97 – 124.

Kubitschek, W. – Loewy, E. (1879). Bericht über eine Reise in Ungarn,

Slavonien und Croatien. In *Archäologisch-epigraphische Mitteilungen aus Österreich-Ungarn*, 3. 2, 152 – 174.

Kubitschek, W. – Reichel, W. (1893). Bericht über eine Reise in Karien

und Phrygien. *Anzeiger Wiener Akademie* 30, 1, 93 – 105.

Mommsen, T. (1860). *Geschichte des römischen Münzwesens*. Berlin.

Pesditschek, M. (2012). Kubitschek, Wilhelm. In P. Kuhlmann – H.

Schneider (eds.). *Geschichte der Altertumswissenschften*. Biographisches Lexikon. Reihe Der Neue Pauly - Supplemente, Band 6. Stuttgart – Weimar, 674.

Pink, K. (1937). Wilhelm Kubitschek. *Numismatische Zeitschrift* 70, 19 – 24.

Szaivert, W. (1996). Wilhelm Josef Kubitschek zum 60. Todestag.

Mitteilungsblatt des Instituts für Numismatik 13, 5 – 25.

Vetters, H. (1988). Reichel (Ernst) Wolfgang. In *Österreichisches*

Biographisches Lexikon 1815 – 1950. Band 9. Wien, 30.

Vidman, L. (1975). *Psáno do kamene*. Praha.

Winkler, G. (1982). Kubitschek, Wilhelm. In *Neue Deutsche Biographie*.

Band 13. Berlin, 161.

Appendix

A part of the report from journey of Wilhelm Kubitschek and Emanuel Loewy to southern Hungary, Croatia and Slavonia.

Bericht über eine Reise in Ungarn, Slavonien und Croatien

W. Kubitschek – E. Loewy

In Nachfolgendem berichten wir über die Ergebnisse einer Reise, welche wir im Auftrage des archäologisch-epigraphischen Seminars der Universität Wien in der Zeit vom 22. August bis 9. September 1878 nach Ungarn, Slavonien und Croatien unternahmen.

Unser erstes Ziel war Dalja, an der Donau etwas unterhalb der Draumündung gelegen. Ausser den bereits bekannten zwei Inschriften ist am Orte nichts von antiken Objecten erhalten. Nur zwei zerbrochene zusammengehörige Inschriftsteine, die vor dem Hofthore eines Bauers in den Boden eingesetzt waren, Hessen wir, um die Inschrift zu lesen, ausgraben. Indessen scheint eine grössere Ausbeute hier möglich zu sein, und es dürfte die nächste Zukunft bereits zeigen, wie weit diesbezügliche Erwartungen berechtigt sind, da Herr Julius Weiss in

Dalja, der uns in zuvorkommender Weise zur Besichtigung der Umgebung behilflich war, der Sache seine Aufmerksamkeit zugewandt hat. Von der Böschung der hart an der Donau laufenden Strasse reisst das Wasser fortwährend Stücke des Erdreichs ab, und hier findet man zahlreiche antike Münzen. Wir hörten auch von Skeletten, die im Strassenboden gelegen haben sollen. Für die Lage des alten Teutiburgium kann selbstverständlich aus den vorhandenen spärlichen Indicien nichts geschlossen werden; vielleicht war dieselbe eine centrale in der Mitte der Orte Dalja, Erdöd und Almas, wo jetzt die Weinberge sich befinden. Wir sahen dort an einer Stelle, wo die Weinhügel zur Donau abfallen und eine weite Fernsicht in die Ebenen am linken Ufer und über die Drau hinaus gestatten, eine Reihe von terrassenförmigen Erhebungen ziemlich gleichmässig dem Ufer entlang laufen, zwischen denen sich jedesmal eine Einsenkung befindet, während die Terrassen selbst von etwas erhöhten schmalen Plattformen gekrönt sind.

In Erdöd konnten wir nichts entdecken; in Almas suchten wir vergeblich nach der Inschrift C. I. L. 3, 3270. Die alte Kirche ist abgebrannt, und hiebei oder bei dem Neubau mag der Stein zu Grunde gegangen sein.

In Essegg (Mursa) ist es der Munificenz eines angesehenen Bürgers, des Herrn Franz Sedlakovich, zu danken, dass für die zahlreichen Funde der Umgegend nunmehr an Ort und Stelle ein Sammelpunkt geschaffen wurde. Kurze Zeit vor unserer Ankunft hatte derselbe eine kleine Sammlung von theilweise auch anderswoher gekauften Objecten der Stadt zum Geschenke gemacht, und die Verwaltung dieses neugegründeten städtischen Museums durch Herrn Professor Kodric vom Essegger Gymnasium lässt für die Zukunft das Beste hoffen.

Eine Privatsammlung mit einem wohlgeordneten Münzeabinet lernten wir bei Herrn Major Kr am er kennen. Die Sammlung des Herrn Ingenieurs Zucker konnten wir wegen Abwesenheit des Eigenthümers nicht in Augenschein nehmen; sie soll jedoch nahezu ausschliesslich aus Münzen bestehen.

Sämmtliche Provenienznotizen weisen auf die sogenannte Unterstadt, den zu unterst an der Drau gelegenen Theil Esseggs, hin. Hier bezeichnete uns namentlich Herr Major Kram er den Platz bei der Ziegelschlägerei zwischen dem Strome und dem neuen Spitale als einen Hauptfundort. Aus der Oberstadt und der Festung wurden uns keine Funde namhaft gemacht.

In Fünfkirchen (Sopianae) hat Herr Advocat Anton Horvath, der unsere Bemühungen in der entgegenkommendsten Weise förderte, die meisten der erhaltenen Stücke von dem Untergange dadurch zu retten gesucht, dass er ihre Einverleibung in das Pester Nationalmuseum veranlasste. Die genannte Persönlichkeit widmet übrigens unausgesetzt auch den am Orte verbleibenden und neu auftauchenden Alterthümern eine eifrige Fürsorge.

In Fünfkirchen trennten wir uns; während Loewy sich direct nach Agram wandte, that Kubitschek dies auf dem Umweg über Keszthely (Mogentiana) — wo sich auf dem Schlosse des Grafen Festetics einige Stücke befinden — und Teplitz bei Warasdin (Aqua Viva), von wo indess die neugefundenen Objecte sämtlich in den Besitz des Museums zu Agram gelangt waren.

Agram besitzt als Hauptstadt des Landes und Sitz der südslavischen Akademie der Wissenschaften ein bereits heute höchst beachtenswerthes Landesmuseum, in dem die antiken Denkmäler einen hervorragenden Platz einnehmen. Das Museum, unter den Auspicien der Akademie in's Leben gerufen und gefördert durch diese und den Bischof von Diakovar, Dr. Strosmayr, hat unter der energischen Leitung des Directors Professor S. Ljubic einen ausserordentlich raschen Aufschwung genommen und sich namentlich durch Concentration der im Lande zerstreuten Objecte bereichert. Das Fundgebiet, welches das Museum versorgt, erstreckt sich indessen weit über die Landes- und Reichsgrenzen hinaus. Unter den Objecten provinzialer Abkunft stammt Vieles aus Dalmatien. Am zahlreichsten ist Sissek mit seiner überraschend mannigfaltigen Fülle von Monumenten vertreten. Nebst den dem Museum selbst angehörigen Objecten von dort werden überdies in den Räumlichkeiten desselben eine Anzahl anderer aufbewahrt, welche Eigenthum eines in Sissek bestehenden Vereines von Alterthumsfreunden sind. Dass wir bei zeitweiliger Abwesenheit des

Directors, durch die uns leider mancher wünschenswerthe Aufschluss entgieng, dennoch einigermassen eingehend den Inhalt des Museums mustern konnten, danken wir der gütigen Vermittlung des Präsidenten der Akademie, Domherrn Dr. Raöki. Die Akademie der Wissenschaften, der das Museum angehörte sorgt in ihren Berichten ("Rad") für die Publicirung hauptsächlich seines epigraphischen Bestandes. Wir verweisen auf dieselben Bd. XXXHI, XXXIV, XXXVII (auch separat: Ljubic, Inscriptiones, quae Zagrabiae in Museo Nationali adservantur, Zagrabiae 1876), sowie auf die in neuester Zeit herausgegebene: Viestnik hrvatskoga arkeologickoga druztva god. I. Agram 1879, Nr. 1 und 2.

Der epigraphische Theil des folgenden Berichtes rührt von W. Kubitschek, der archäologische von E. Loewy her. — Wir fühlen uns verpflichtet, Allen, die unser Vorhaben unterstützt haben, an dieser Stelle den gebührenden Dank auszusprechen.

....

Fünfkirchen

Im Hause des Herrn Advocaten Anton Horváth: Rundarbeit aus weissem Marmor.* H. 0,56. Löwe, seine Vordertatze auf einen Widderkopf legend; der Leib des Löwen ist 1. abgebrochen; unter dem Ganzen ist der Rest einer horizontalen Randleiste noch erkennbar. Gefunden bei der Cserkuti-Csärda. — Vgl. Conze Rom. Bildwerke einh. Fundorts in Oesterreich II S. 8.

Im ärarischen Gebäude, Kirälyi-ut 6, im Hofe rückwärts, an der Wand unmittelbar über dem Boden: Bruchstück eines Reliefs aus Marmor, H. 0,38. Der Torso eines Knaben mit über der r. Schulter geknüpfter Chlamys, der in der 1. Hand einen hohen Korb hält; vermuthlich Rest einer Darstellung der Jahreszeiten.

An der Aussenmauer der bischöflichen Residenz, ungefähr ein Stockwerk hoch, ist ein oblonges Relief eingemauert, welches eine Weinranke mit Blättern, Trauben und Spiralenden zeigt.

Im Besitze des Herrn Advocaten Horváth befinden sich ferner auch einige Gegenstände aus Bronze, von denen der eine, eine Venusstatuette, bereits im II. Jahrgänge dieser Mittheilungen S. 78 f. beschrieben wurde. Sie stammt indessen nicht aus Essegg, sondern von

---

* Nach Angabe des Herrn Advocaten Horváth sind die meisten der in der Gegend von Fünfkirchen gefundenen römischen Sculpturen aus solchem Marmor, der aber nicht daselbst gebrochen sein könne.

---

dem Kö'vago-szöllö's genannten Orte bei Fünfkirchen; in der Nähe wurde auch der eben besprochene Löwe gefunden.[*]

Aus Essegg rührt hingegen die Statuette eines Amor mit einer Gans her, H. 0,095. Amor, nackt, mit kurzen Flügeln, den Kopf ein wenig nach 1. geneigt, den Mund lächelnd geöffnet, das Haar über der Stirn zu einem Schopf vereinigt und nach beiden Seiten zu lockigen Ringeln herabgestrichen, hat das 1. Bein schreitend vorgesetzt und hält mit der R. ein Gans, die sich mit den Füssen an seinen Leib schmiegt. Der 1. Arm ist gegen die Brust gebogen, die geschlossenen Finger der Hand lassen Raum für einen senkrecht zu haltenden Stift. Ein anderer Stift, etwa 1 Mm. dick, vom Scheitel ausgehend, ist noch bis zur Höhe von 15 Mm. erhalten. Die Flügel sind hinten glatt, auf der Innenseite sind Federn gebildet. Die Aug- äpfel sind hohl, die Füsse fehlen.

Aus dem Tolnaer Comitat stammt eine grosse Bronzelampe mit schön geziertem Henkel.

....

---

[*] Ich verdanke der Güte des Herrn Adv. Horváth eine Photographie des schönen Stückes, die wir gelegentlich reproduciren werden. O. B.

Agram (Landesmuseum)[**]

Von den im Museum befindlichen Ueberresten von Werken der A rchi tektur nennen wir:

Ein gut erhaltenes korinthisches Kapitäl aus grauem Marmor, aus Teplitz bei Warasdin. H. 0,40, grösste Breite 0,58, Durchmesser der unteren Lagerfläche 0,42. In der Mitte der Letzteren ist eine Kreisfläche (Durchm. 0,25) bei geringer Vertiefung rauh gehalten.

Zwei andere Kapitale sind nur Bruchstücke. Dasselbe gilt von einem Stück aus grobem Marmor, das seiner Structur und seinem Ornamentschmuck (Eierstab, Zahnschnittreihe, Palmettenleiste) nach eine Wand krönte; ein anderes von ähnlichem Material mag der Ecke eines Bodens angehört haben. Zwei Mosaikstücke, in Schwarz und Weiss linear ornamentirt, befinden sich unter den Objecten des Sisseker Alterthumsvereins. Eine Quader aus Sandstein mit dem Gesicht eines Löwen an der Stirnseite, eine andere, aus der ein unbärtiger

---

[**] Bei dem Reichthum der Sammlungen des Museums sowie in Folge der oben angedeuteten Hindernisse haben wir in der Aufzählung der Objecte uns eine Beschränkung auferlegt. — Die Resultate der Revision der vielen dort aufbewahrten Inschriften werden bei anderer Gelegenheit verwerthet werden. Die bemalten Vasen, durchaus unteritalische Sepulcralgefässe, sind ganz übergangen worden. — Mit S. V. sind die Objecte des Sisseker Vereins bezeichnet.

Kopf mit einer Halskette aufragt, eine Anzahl Thonröhren, theilweise ineinander zu schieben, auch mit Muffen versehen, seien nur summarisch aufgeführt.

An eine grosse Bleiröhre, seitwärts verlöthet, mit zwei Löchern, reiht sich eine zweite, aus Sissek stammend, mit der Inschrift Eph. epigr. II, 847.

BEZIEHUNGEN KLASSISCHER PHILOLOGEN MILOS-LAV OKÁL UND ANTONÍN KOLÁŘANFANGS DER 60ER JAHRE DES 20. JAHRHUNDERTS

Tomáš Klokner

Das runde Geburtsjubiläum des ersten slowakischen Universitätsprofessoren der klassischen Philologie, Miloslav Okál (1913 – 1997), an die wir uns am 1.Dezember 2013 erinnerten, hat viele Anregungen zum Einblick in seine reiche handschriftliche Erbschaft gegeben, die die einzigartige Quelle der Materialien, sowohl literarischen als auch literarisch-historischen Charakters bildet. Aus dem Gesamtumfang des Fonds Okáls bewahrt in dem Archiv der Literatur und Kunst der Slowakischen Nationalbibliothek in Martin ist seine Korrespondenz mit den Vertretern der tschechischen klassischen Philologie aus den Jahren 1939 bis 1995reichlich anwesend. Die Empfänger und Absender sind wissenschaftliche Mitarbeiter der Prager und Brünner Universität, Einheit der klassischen Philologen in Prag, Kabinetts für griechische, römische und lateinische Studien bei Tschechisch-Slowakischen Forschungsakademie in Prag, Redaktoren der Fachzeitschriften und Sammelhefte Philologische Briefe, Verwaltung der Einheit der klassischen Philologen, Eirene und ihre

Beiträger.[356]Zahlreich sind in Korrespondenz die Briefe adressiert an Miloslav Okálenthalten.

Zwischen den Absendern der Briefe adressiert an Okál finden wir auch Professor Antonín Kolář.[357] Kolář war der Begründer der klassischen Philologie an der neu entstandenen Comenius- Universität in Bratislava und Okál, der erste slowakische Universitätsprofessor der klassischen Philologie und gleichzeitig der erste Forschungsdoktor in diesem Fach war sein Pflegling. Über die fast väterliche Beziehung Antonín Kolářs zu seinem Studenten zeugen seine 47 Briefe aus den Jahren 1939 bis 1962, die der Fond des Miloslav Okál in Martiner Archiv beinhaltet. Gegenseitige Korrespondenz hat erst der Tod Kolářs im Jahre 1963 zerrissen.

Unser Beitrag, in dem wir uns an die Briefe von Miloslav Okál und Antonín Kolář orientieren, geht aus der Voraussetzung heraus, dass ungefähr die gleiche Anzahl an Briefen von Okál die Erbschaft des Professoren Kolář beinhaltensollte. Diese bewahrt Staatliche Kreisarchiv Zwittau mit Sitz in Litomyšl. Unsere Voraussetzung wurde aber nicht erfüllt: in der Erbschaft Antonín Kolářs befinden sich nur drei Briefe von Miloslav Okál. Trotz der niedrigen Anzahl erlauben sie

---

[356] Šlosiarová (2003: 111-122).

[357] Literaturarchiv der Slowakischen Nationalbibliothek in Martin (= AL SNK), Archiv-Bestand 220, Sign. B 12.

aber, in mehrere Sphären des Lebens und gegenseitigen Beziehungen beider Männer Einblick zu werfen. Das war auch der Grund der Beitragsorientierung an den Zeitraum der 60. Jahre des 20. Jahrhunderts, aus dem die gegebenen Briefe Okáls stammen. Der Prager Geborene Antonín Kolář[358] hat die klassische Philologie an der Karls Universität studiert. Als Dozent ist erim akademischen Jahr 1921/1922 an die Philosophische Fakultätnach Bratislava gekommen, die in dem Jahre geöffnet wurde. Ihre Bildung war kompliziert, weil sie verschiedene Studienfächer der philosophischen, historischen, psychologischen, soziologischen, ethnographischen, künstlerisch-forscherischen, ästhetischen, archäologischen und philologischen Wissenschaften beinhaltet hat. In den Jahren 1922 – 1924 sind an der philosophischen Fakultät 17 Grundseminars notwendig für ihren Betrieb entstanden. Bei ihrer Entstehung sich ausschließlich tschechische Professoren gestanden, die in die Slowakei im Rahmen der „tschechischen Hilfe" gekommen sind. Tschechische Intelligenz hat sich dieser Hilfe der slowakischen Universität ausgezeichnet ergriffen, auf der anderen Seite ist es notwendig anzugeben, dass ausgezeichnete tschechische Lehrer, unter denen auch Antonín Kolář ausgezeichnete slowakische Studenten gefunden haben,unter die Miloslav Okál gehört hat. An der Philosophischen Fakultät haben zu

---

[358] Nähere Informationen zu seinem Leben bieten die Nekrologen seiner Schüler, siehe Okál (1964: 135 – 139); Špaňár (1963: 191 – 193).

---

der Zeit 39 Professoren aus Tschechien und Böhmen unterrichtet. Die Anzahl der Seminare ist allmählich gestiegen, einer von diesen war auch der Proseminar für klassische Philologie (Abteilung lateinische und griechische) und später umgeändert in das Seminar der klassischen Philologie Phil. Fak. CU. Die Funktion des Direktors hat an beiden Antonín Kolář bekleidet. Die Fakultät hatte nicht genug geeignete Führungsmitarbeiter, deshalb war es notwendig abzuwarten, bis die anderen aus tschechischen Ländern kommen oder die jüngeren aus der Slowakei großgewachsen sind. Ungefähr die Hälfte der tschechischen Professoren ist nach Pflegen ihrer slowakischen Nachfolger aus dem Jahre1938 an ihre ursprünglichen Arbeitsplätze zurückgekommen. Die anderen waren durch das Ministerium für Schulwesen und Nationalaufklärung in Bratislava nach der Entstehung des slowakischen Staates im Jahre entlasten und wurden „zur Verfügung" des Prager Schulministeriums gestellt. Es gab aber auch Ausnahmen. Behalten wurden (mindestens vergänglich) Spitzenspezialisten mit internationalem Forschungskredit, für die es nicht möglich war, ein Ersatz zu finden.[359] Unter diese hat auch der klassische Philologe Antonín Kolář gehört.

Kolář hat an der Philosophischen Fakultät CU ganze 20 Jahre gewirkt, in den Jahren 1922 – 1942 als regulärer Professor der

---

[359] Majtánová (1999: 1 – 3).

klassischen Philologie. In den Jahren 1922 – 1929 und 1933 als Direktor des schon erwähnten Proseminars für klassische Philologie (Abteilung lateinische und griechische). In den Jahren 1924 – 1932 und 1934 – 1935 als Direktor des Seminars der klassischen Philologie Phil. Fak. CU. Er hat die höchsten akademischen Funktionen im Rahmen der Fakultät und auch Universität bekleidet- er war Dekan (1928/1929) und Prodekan der Fakultät (1929/1930), die Funktion des Rektors der Comenius-Universität hat er im Jahre 1934/1935 bekleidet, in den Jahren 1935/1936 und 1938/1939 war er ihr Prorektor.[360] Vor allem die Funktion des Universitätsrektors hat er zu der Zeit übernommen, als sie finanzielle Probleme, verursacht durch Wirtschaftskrise, betroffen haben. Diese hat auch die Tatsache erhoben, dass die Universität noch nicht ganz erbaut wurde und vom Staat wesentliche materielle Hilfe brauchte. Außerdem war diese Periode auch durch die Tätigkeit der Volkspartei Hlinkas beeinflusst, die mit ihrer Propaganda das ruhige Zusammenleben von Tschechen und Slowaken im einem Staat verletzt und den Abscheu gegen alles Tschechische geäußert hat.

Kolář als klassischer Philologe hat sich in seinen Arbeiten der Forschung der antiken Metrik, dem Einfluss der antiken Kultur auf die europäische, sozialen Fragen der antiken Gesellschaft, griechischen

---

[360] Ibid.

und römischen Religion, Geschichte der klassischen Philologie, griechischen Komödie gewidmet. Für Mittelschulen hat er einige Texthandbücher und lateinische Lesebücher geschrieben.[361] Aktiv hat er sich in die Diskussion über den Vorschlag der Reform der Mitteilschule eingegliedert, mit dessen sich die Position der klassischen Sprachen an den Mittelschulen verschlechtern sollte, er hat sich den methodischen Fragen des Lateinunterrichts gewidmet. An der neugegründeten Philosophischen Fakultät hat er für Mitteilschulen fachlich vorbereitete Lehrer des Griechischen und Lateinischen erzogen. Er hat die Seminarbibliothek gebildet, die unter die besten an der Fakultät gehörte.

Umfangreich war auch seine Popularisierungsarbeit. Für weite Öffentlichkeit hat er im Rahmen der Vorlesungen der Dozenten und Professoren der Comenius-Universität Vorlesungen über den Einfluss der antiken Kultur an die europäische Kultur, über die Frauenfrage im Altertum, über antike Demokratie und über Sozialfrage im alten Griechenland und Romgehalten. Er hat auch an den Veranstaltungen der Bratislavaer Hochschulstudenten teilgenommen, mit ihnen gegen das unsoziale Aspirantengesetz protestiert, an der Feier des 300.

---

[361]*Výbor ze životopisů Cornelia Nepota*. Praha 1911; *Laelius de amicitia*. Praha 1913; *Latinská čítanka z Cornelia Nepota a Q. Curtia Rufa*. 3. vyd. Praha 1920.

Jubiläums der Gründung der Universität in Trnava und zum Anlass des 150. Jubiläums der Geburt des Dichters Ján Hollý teilgenommen.[362]

Außer der pädagogischen und Popularisierungsarbeit und akademischen Funktionen war Kolář Mitglied der Forschungsgesellschaften und Fachkommissionen, die es auf eine Person viele gab: Vorsitzende der Finanzkommission CU, Vorsitzende der Wirtschaftlich-Finanziellen Kommission UK, Stellvertreter des Vorsitzenden der Prüfungskommission fürs Lehramt an den Mittelschulen bei Phil. Fak. CU, Mitglied der Gebildeten Gesellschaft Šafáriks (ab dem Jahre 1939 Mitglied der Slowakischen gebildeten Gesellschaft), Mitglied der Einheit Tschechoslowakischer Philologen, Mitglied der Gesellschaft der Freunde der antiken Kultur, Mitglied der CU Extension, Mitglied des Kuratoriums für den Aufbau des Universitätsinternats der akademischen Mensa, Mitglied der Aufbaukommission der CU, Mitglied Korrespondent der Königlichen tschechischen Lehregesellschaft, besonderer Mitglied der Tschechischen Forschungs- und Kunstakademie.[363] Es ist interessant anzuführen, dass es Kolář war, der sich dafür verdient hat, dass das Gebäude am Šafárik Platz der Universität zugeordnet wurde.[364] Es

---

[362]Okál (1964: 138).

[363] Csáder (2007).

[364] AL SNK, Archiv-Bestand 220, Sign. B 12 (Brief vom 01. 09. 1954)

scheint fast unglaublich zu sein, dass alle diese Funktionen, die sicherlich viel Zeit und Kraft genommen haben er neben der pädagogischen Tätigkeit, die für ihn erstrangig war, geschafft hat. Wir sollten auch seine Publikations-[365] und Übersetzungsarbeiten nicht vergessen, die aus der Zeit der Wirkung in Bratislava stammen.

Antonín Kolář war Okáls Professor während seines ganzen Studiums an der Fakultät in den Jahren 1932 – 1936. Ab dem 1. September 1941 hat Okál angefangen, an dem Bratislavaer Seminar für klassische Philologie als Kolářs Assistent zu arbeiten. Als Kollegen

---

[365] Publikationstätigkeit aus den Jahren 1922 – 1942, als Kolář and der Phil. Fak. CU gewirkt hat:

Působení kultury antické na kulturu evropskou (1924)

Kosmovy vztahy k antice (1925)

Humanistická básnířka Vestonia (1926)

Sociální otázka v starém Řecku a Římě (1927)

Antika v díle mladého Šafaříka (1928)

Antika a politická výchova příštích občanu (1928)

Rehoř Dankovský, profesor řečtiny na akademii v Prešpurce před sto lety (1931)

Die Logaöden. Überprufung neuerer Losungen einer alten Frage (1933)

De dactyloepitritis (1935)

Osudy trnavské university a její význam pro Slovensko (1935)

Co je antická metrika (1937)

Vzťah rytmu k obsahu piesní v gréckej lyrike sborovej (1940)

haben sie zusammen nicht lange gearbeitet, da im 1942 Kolář zur Verfügung des Ministeriums für Schulwesen und Aufklärung in Prag gestellt wurde. Zum Jahresende ist der 58-jährige Professor und ehemalige Rektor mit der Ehefrau weggegangen und hat sich nachhaltig in dem Heimgemeinde seiner Frau in Benátky bei Litomyšl niedergelassen. Damit hater sein Lebenswerk wesentlich verwurzelt mit Bratislavaer Universitätverlassen.[366] Wie der Nekrologe von Július Španár, des weiteren Studenten Kolář und späteren Professorenanführt, nach zwanzig Jahren reicher forschungs- und pädagogischen Tätigkeit ist er mit Recht mit dem Gefühl des persönlichen Unrechts weggegangen.[367] Trotzdem hat er mit sich die Erinnerungen an den schönsten Teil seines Lebens[368] und an die Freundschaft mit mehreren seinen Studentenmitgenommen. Nach dem Kriegsende ist Kolář nach Bratislava nicht mehr wiedergekehrt.[369]

---

[366] Škoviera (2013: 24).

[367] Španár (1963: 192).

[368] AL SNK, Archiv-Bestand 220, Sign. B 12 (Brief vom 28. Oktober 1956).

[369] In den Briefen an Okál hat er geschrieben: *„Ich kehre nie wieder nach Bratislava zurück, der Krieg hat so viele Hindernisse in den Weg gestellt, dass es schon unmöglich ist, alles ist anders als vor dem Krieg."* AL SNK, Archiv-Bestand 220, Sign. B 12 (Brief vom 27. August 1945); und in einem anderen Brief: *„meine Feinde an der Fakultät intrigieren in der Zwischenzeit gegen mich, drohen sogar, dass sie lieber die klassische Philologie zerstören, als ob*

Bis zum Lebensende hat er in Benátky bei Litomyšl gelebt, ab dem Jahre 1951 als pensionierter Professor, der sich weiterhin den Übersetzungen und dem Schreiben von Fachstudien gewidmet hat.[370] Kontakte mit Okál sind weitergelaufen, er warinteressiert an der Zusammenarbeit mit ihm und hat ihm vorgeschlagen, die slowakische Enzyklopädie der Antike im Umfang von 500 Seiten zusammen vorzubereiten, zur Realisierung ist es aber nie gekommen.[371]Er hat sich der Übersetzung von Diogenes Laertios gewidmet, die er zwar im Jahre 1956 beendet hat, mit der Erlassung des Buches hat es aber immer Probleme gegeben, die Veröffentlichung hat er aber letztendlich leider nicht erlebt.[372] Antonín Kolář ist am 7. Juli 1963 gestorben.

In der bewahrten KorrespondenzKolářs gibt es 3 Briefe, deren Schreiber Okál und Empfänger Kolář sind. Sie stammen aus drei nacheinander laufenden Jahren 1960, 1961, 1962. Es ist aber sicher,

---

sie zulassen würde, dass ich an die Fakultät wiederkomme." AL SNK, Archiv-Bestand 220, Sign. B 12 (Brief vom 25. Juli 1947).

[370] *De re metrica poetarum Graecorum et Romanorum* (1947); Cicero: *O přirozenosti Bohu* (1948).

[371] Škoviera (2013: 29 – 30).

[372] Die Übersetzung wurde erst im Jahre 1964 veröffentlich. *Diogenés Laertios.* Přel. Antonín Kolář. Praha: Nakladatelství Československé akademie věd, 1964, 492 S.

dass Okál noch mehr Briefe geschrieben hat, wovon nicht nur mehrere Briefe Kolářs an Okál zeugen,[373] als auch der Satz im Okáls Brief aus dem Jahre 1962 *„vielleicht habe ich Sie auch mit den schmerzhaften Briefen aus dem letzten Jahren vergiftet".* [374] Alle drei von uns untersuchten Briefe haben die gleiche Datierung, sie waren immer zum 27. 09. geschrieben, anlässlich des Geburtstages von Antonín Kolář, der am 28. 09. 1884 geboren wurde. Okál hatte seinen Lehrer in großer Hochachtung gehabt und hat nicht vergessen, ihm regelmäßig zu diesem Fest zu gratulieren[375]Okál hat eine außerordentliche Anrede seines Professors gewählt: jeder Brief beginnt mit der Anrede *berühmter Herr Professor,* die in den 60.Jahren des vergangenen Jahrhunderts wenig genutzt wurde. Laut synonymischen Wörterbuch der slowakischen Sprache handelt es sich um einen Attribut für die Person, die mit Ruhm einbegriffen ist, durch seine Bedeutung und Wichtigkeit berühmt ist, eine Person ausgezeichnet und wertvoll.[376] Und eine solche Person war für Okál eindeutig Kolář.

---

[373] AL SNK, Archiv-Bestand 220, Sign. B 12.

[374] Staatliches Kreisarchiv Zwittau mit Sitz in Litomyšl (= SokA), Archiv-Bestand Antonín Kolář, Sign. 153, Kart. 1.

[375] Siehe auch Kolářs Briefe, in denen er jedes Jahr für den Geburtstagsglückwunsch dankt. AL SNK, Archiv-Bestand 220, Sign. B 12.

[376]Synonymický slovník(2004: 655).

Außer der Gratulation hatten Okáls Briefe immer die gleichen Informationskreise beinhaltet, die die Arbeit am Lehrstuhl, seine Dienstreisen und Verpflichtungen, Übersetzerarbeit (übersetze und veröffentlichte Werke), aber auch seine Privatsphäre, vor allem seine Familie und Gesundheitszustand betroffen haben.

Im Brief an Kolář aus dem Jahre 1961 äußert ersich detailliert über den nicht leichten Verlauf des Erwerbs des großen Doktorats an der Universität in Brünn. Gewiss reagiert er hiermit auch an die Fragen Kolářs, der ihn im Brief aus 28. 12. 1959 gefragt hat, ob er schon *„diesen neuen Rang des Forschungsdoktors gewonnen hat"*und ob es für die Universitätsprofessoren überall obligatorisch ist.[377] Auch in dieser Richtung ist sichtbar, dass sich Kolář auch als Rentner immer lebendig für die Situation im Hochschulwesen interessiert hat und ihm keine Neuigkeiten entgegengekommen sind. Okál sollte ursprünglich den großen Doktorat am 16. 12. 1960 verteidigen, Pavel Oliva aus Prag, einer der Arbeitsopponenten, ist aber nicht angekommen, da sein Flug nicht stattgefunden hat.[378] Die Verteidigung wurde auf Januar 1961 verschoben und Okál hatte dabei nicht die leichteste Aufgabe.[379] Die ausgearbeiteten Gutachten waren zwar positiv, ausfür

---

[377] AL SNK, Archiv-Bestand 220, Sign. B 12.

[378] SOkA, Archiv-Bestand Antonín Kolář, Sign. 153, Kart. 1.

[379] In der neusten Monografie über Prof. Okál (Škoviera 2013: 43 – 44.) ist angeführt, dass der Titel des Doktor der Philologischen Wissenschaften

Okál unbekannten Gründen hat sich aber gegen ihn Widerstand erhoben,wo auf der Spitze die Mitglieder des Brünner Lehrstuhls für Marxismus und Geschichte waren, die noch vor seiner Anreise gegen die Doktorat Erteilung gekämpft haben. Als es zur eigentlichen Verteidigung gekommen ist, die mehr als drei Stunden dauerte, hat wahrscheinlich der gemeine Verstand über die Kleinsinnigkeitgewonnen und von 24 Kommissionsmitglieder mit der Doktorat Erteilung 19 zugestimmt haben.[380] Interessant ist, dass einer von den fünf, die dagegen waren, sich auch gestoßen hat, dass der genannte Posten an „Fremde" erteilt wird, ohne Ansehen auf die Tatsache, dass die Tschechen und Slowaken die Angehörigen eines Staates waren. Okál hat aber diese Situation nicht aus dem Konzept gebracht, und bedeutend war für ihn die Tatsache, dass er das schon hinter sich hatte.

In den Jahren 1960 bis 1962 hat Okál auch weitere Dienstreisen absolviert. In November 1960 ist er nach Prag gereist, wo er an der Beerdigung seines Kollegen, Prof. Antonín Salač, den

---

(DrSc.) er am 09. Februar 1961 erreicht hat, aber in Wirklichkeit hat die Verteidigung am 26. Januar 1961 um 15:00 an der Philosophischen Fakultät der Jan-Evangelista-Purkyně-Universität in Brünn stattgefunden. Okál hat die Arbeit zum Thema Aristophanes Weltanschauung vorgelegt. Siehe *Z prací Ústavů* (1961), S. 228.

[380] Ibid.

bedeutenden tschechischen Professoren der griechischen und römischen Antiquitätenteilgenommen hat.[381]Im Oktober 1961 ist er nach Prag wiedergekehrt, wo er die Vorlesung in der Einheit der klassischen Philologen gehalten hat.[382]In dieser Zeit ist er regelmäßig

---

[381] Prof. Antonín Salač ist am 14. November 1960 gestorben. Seine Beerdigung hat drei Tage später stattgefunden und die Rede, die Ladislav Varcl bei dieser Angelegenheit vorgelegt hat, war in den Philologischen Briefen veröffentlicht. Siehe Varcl (1961: 1 – 4). Miloslav Okál hat an der Beerdigung persönlich teilgenommen. Außer ihm hat auf diese traurige Begebenheit Prof. Vojtech Ondrouch reagiert, der an die Philosophische Fakultät der Karls-Universität in Prag ein Telegramm mit folgendem Text geschickt hat: *„Zum Anlass der Beerdigung des Forschers eines Weltformats, der ohne Zweifel Professor Salač war, erlaube ich mir, Herzliches Beileid zu äußern"* (vom 17. November 1960). Siehe Archiv Karls-Universität Prag, Archiv-Bestand Antonín Salač, Sign. 637, Kart. 55. Es ist wenig bekannt, dass zur Zeit der Entstehung und Formung der Comenius-Universität Antonín Salač (damals noch als Dozent) den Angebot der neu gegründeten Philosophischen Fakultät bekommen hat,Professor zu werden. Salač hat es aber abgelehnt, und die Führenden Repräsentanten der Fakultät haben sich danach an Dozent Antonín Kolář gewandt, der später zum Lehrer und Quästor von Miloslav Okál wurde. Wenn Salač mit der Anreise nach Bratislava einverstanden wurde, wäre er Okáls Lehrer.

[382] Die Vorlesung hat am 26. Oktober 1961 stattgefunden, aber das von Okál angezeigte Thema *(Aristophanes Stellungsname zu Euripides)*wurde letztendlich auf *Aristophanes Stellungsname zu Sokrates* geändert. (*Přednášky*

auch nach Brünn gereist, wo er zum Beispiel die Kandidatenarbeit von Radislav Hošek opponiert hat (1961).[383] An einer Stelle hat er sich bei Kolář beschwert, dass er nie das Glück hatte, sich hier mit Prof. Jaroslav Ludvíkovský zu treffen, der fast immer wegen Heilung abwesend ist.[384] Im Jahre 1962 hat er zusammen mit anderen jungen Forschern aus Tschechoslowakei an der Konferenz der klassischen Philologen im deutschen Stralsund teilgenommen. [385] An dem Heimweg hat er in Brünn eine Pause gemacht, mit dem Ziel, sich die heimischen Antiquitäten anzuschauen. Bemerkenswert ist seine

---

JKF v roce 1961: 35). Professor Okál hat damit an seine vorherige Vorlesung in Prag *Aristophanes und Sophisten* angeknüpft, die er am 20. Mai 1959 gehalten hat. (*Přednášky JKF ve školním roce 1958/1959*: 38).

[383] SOkA, Archiv-Bestand Antonín Kolář, Sign. 153, Kart. 1.

[384] SOkA, Archiv-Bestand Antonín Kolář, Sign. 163, Kart. 1.

[385] Die zweite internationale Konferenz der Abteilung für Antike Geschichte bei der Deutschen Historischen Gesellschaft in Stralsund hat in den Tagen 04. bis 08. September 1962 stattgefunden. An der Konferenz haben 150 Forscher aus 12 Ländern teilgenommen. Es wurden mehr als 70 Referate vorgelesen, aus denen 17 von tschechoslowakischen Delegaten vorgelesen wurden (z. B. A. Bartoněk, R. Hošek, B. Borecký, J. Češka, J. Pečírka, O. Pelikán, L. Vidman, Z. Zlatuška und weitere). Miloslav Okál hat sich in seinem Beitrag der Beziehung Aristophanes zu sophistischer Erziehung gewidmet. Oliva (1963: 137 – 138); vergleiche Vidman (1963: 68 – 69).

Ermittlung, dass *„es sie hier weniger als in Prag gibt, oder sogar noch weniger als bei uns in Bratislava"*[386]

Außer der forschungs- übersetzungs- und pädagogischen Tätigkeit an der Fakultät äußert sich Okál in seinen Briefen an Kolář auch über die außerschulische Aktivität in der Gesellschaft für die Verbreitung der politischen und Forschungskenntnissen, wo er im Jahre 1960 die Vorlesung über griechische Literatur und Kultur gehalten hat (zusammen 9 Stunden pro Jahr).[387] Gleichzeitig musste er während des vergangenen Regimes die populäre Abenduniversität des Marxismus- Leninismus besuchen, die ihn nach seinen eigenen Worten viel Zeit und Mühe gekostet hat. Die Schule hat drei Jahre gedauert und den erfolgreichen Abschluss des ersten Jahrgangs (dialektischer und historischer Materialismus) hat die Teilnahme an der 2-3 stündigen Vorlesung jeden Dienstag und 3-4 stündigen Seminars jeden zweiten Montag erfordert. Wie aus dem Brief aus dem Jahre 1961 hervorgeht, hat Okál den ersten Jahrgang erfolgreich hinter sich gehabt und ihnim zweiten Jahrgang ihn politische Ökonomie erwartet hat.[388]

---

[386] SOkA, Archiv-Bestand Antonín Kolář, Sign. 163, Kart. 1.

[387] SOkA, Archiv-Bestand Antonín Kolář, Sign. 143, Kart. 1.

[388] SOkA, Archiv-Bestand Antonín Kolář, Sign. 153, Kart. 1.

Nach Benátky bei Litomyšl hat Okál kurze Nachrichte aus seiner Privatsphäre geschickt. Die fröhlichsten waren die Zeilen des Vaters Okál stolz auf seinen Sohn, der mit der Mutter in Frankreich gelebt hat. Im Jahre 1960 hat er Kolář mitgeteilt, dass der Sohn schon die 3.Klasse am Lyzeum besucht und dass er der beste Schüler ist. Ein Jahr später äußert er seine Enttäuschung über das nicht realisierte Treffen mit ihm, die auf Sommer 1961 geplant war. Es wurde ihm nämlich keine Genehmigung erteilt. Wieder führt er an, dass er der beste Schüler in der Klasse ist, obwohl er 3-4 Jahre jünger ist als seine Mitschüler. Gleichzeitig betont er, dass er glücklich ist, obwohl er ihn nicht bei sich hat. Aus der Bemerkung Okáls, dass ihm sein Sohnauch schon Briefe auf Russisch schreibt geht hervor, dass sie mindestens eine schriftliche Beziehung gepflegt haben, und zwar nicht nur auf Französisch, sondern auch auf Russisch.

Was sein Gesundheitszustand in den Jahren 1960 bis 1962 angeht, beschreibt er diesen im negativen Licht. Als er im November 1960 um Entlassung aus der Funktion des Lehrstuhlleiters und Leiters des Kabinetts der klassischen Archäologie gebeten hat, hat er sein Gesuch mit gestörter Gesundheit begründet, konkret mit einer schweren mehrjährigen Kolitis und der Gefahr einer Lähmung des rechten Beines.[389] Es ist möglich, dass gerade im Zusammenhang mit

---

[389]Škoviera (2013: 40).

den Gesundheitsproblemen er in März 1960 im Forschungsinstitut der Nationalgesundheit in Bratislava gelegt, und Ende August und Anfang September er für dreiwöchige Heilung nach Mariánske Lázne abgereist ist. Wie er selber konstatiert, *„nichts haben sie festgestellt, nur die Magenneurose, aber auch wenn ich bisher keine Schmerzen empfinde, bin ich gesellschaftlich fast ausgeschieden."*

Okáls Briefe wiederspiegeln die dumpfige Atmosphäre an der Philosophischen Fakultät der Comenius-Universität in Bratislava anfangs der 60er Jahre des 20.Jahrhunderts. Okál beschwert sich an einigen Stellen über das zu schnelle Lebenstempo, große Verantwortung und anspruchsvolle Zusammenarbeit mit mehreren unzuverlässigen Menschen.[390] Seinen schlechten Gesundheitszustand hält er für das Ergebnis vieler Faktoren. In einem anderen Brief deutet er auf die Zusammenarbeit mit brutalen Egoisten und mit Menschen ohne menschliche Ehre und Stolz hin. [391]

Das Lebenstempo, Eifrigkeit und Begeisterung für die Übersetzung antiker Autoren war bei Okál fast unglaublich.[392] Im Brief

---

[390] SOkA, Archiv-Bestand Antonín Kolář, Sign. 143, Kart. 1.

[391] SOkA, Archiv-Bestand Antonín Kolář, Sign. 153, Kart. 1.

[392] Er selber war sich aber der Falle seines Arbeitstempos bewusst und in einem der Briefe an Kolář hat er seine Befürchtung darüber geäußert, ob er das physisch aushalten kann. Siehe SOkA, Archiv-Bestand Antonín Kolář, Sign.

vom 27. September 1960 informiert er Kolář, dass Ilias schonzum Druck bereit ist und wenn das Papier bereitgestellt wird, wird sie noch vor 1961 veröffentlicht.[393]Den Vertrag hat er auch an die Frösche von Aristophanes gehabt- das Werk sollte auch im 1961 veröffentlicht werden. Im Winter hat er den Prometheus von Aischylos übersetzt [394] und bis Ende des Jahres sollte auch Ödipus auf Kolonos veröffentlicht werden. [395] Gleichzeitig wurde die Studie über Aristophanes und Militärwesen veröffentlicht [396] andere waren schon im Druck (Aristophanes und Bauer [397] und Aristophanes und dramatische Dichter[398]). Außerdem hat er ungefähr 700 Verse aus dem Werk des Humanisten Rakovský und alle lateinische und griechische Verse aus Lessings Laokoon übersetzt. Zu Ende des Jahres hat er mit der Übersetzung von Odyssee [399] (2. Gesang) und Lukian angefangen.

143, Kart. 1.

[393] Das Buch ist erst ein Jahr später, im Jahre 1962, erschienen. Homéros: *Ilias*. Bratislava: Slovenský spisovateľ, 1962. 620 S.

[394] Aischylos (1960).

[395] Sofokles (1961).

[396] Okál (1960).

[397] Okál (1959).

[398] Es ist nicht klar, um welche Studie Okáls es geht.

[399] Odyssee wurde im Jahre 1966 veröffentlicht.

Ein Jahr später informiert er Kolář über die Peripetien mit der Veröffentlichung der beendeten Übersetzungen und gleichzeitig klagt er über die damit verbundenenunglücklichen Gefühle. Die Slowakische Akademie der Wissenschaften hat ihm versprochen, die Arbeit über Aristophanes zu veröffentlichen, was er aber nicht glauben wollte, weshalb er auch mit der Arbeit an dem 2.Teil nicht begonnen hat. Bald sollte die Übersetzung von Ilias mit 50 Illustrationen von Vincent Hložník in Druck gehen. Die Frösche von Aristophanes waren zuerst wegen Papiermangel auf das Jahr 1962 verschoben, dann wurden sie ganz ausgelassen, mit der Begründung, dass ihm bald die Gesamtübersetzung von Aristophanes veröffentlicht werden sollte. Offen gibt er zu, dass ihn diese Verschobung von Fröschen mehr betrübt hat, als ob ihm die Ilias verschoben würde, weil an den Komödien von Aristophanes es ihm besonders lag. Okál informiert weiter, dass im Sommer 1960 die Übersetzung von Prometheus veröffentlicht wurde und im Jahre 1961 sollte noch der Ödipus auf Kolonos von Sophokles veröffentlicht werden. Er hat die Übersetzung von Odyssee geplant, zu Ende des Jahres 1961 hat er schon den 13.Gesang fertig gestellt. Ein Jahr später berichtet er Kolář, *„ich habe viel übersetzt und Odyssee habe ich fast fertig. Im Juni und September habe ich die Korrekturen von Ilias durchgeführt. Sie befindet sich schon in Druck und ich hoffe, dass ich fähig sein werden, sie Ihnen noch vor Weihnachten zu schicken."*

Außer der Forschungs- und Übersetzungstätigkeit informiert Okál Kolář auch über seine pädagogische Wirkung an der Fakultät, führt die Stunden- Studentenanzahl an und nennt die Themen seiner Vorlesungen, womit er Kolář mindestens distanziert das Bild über Lehrstuhl bildet, die einmal auch er selber geführt hat. Die Informationen klingen mehr als Klage darüber, was ihm Zeit nimmt, vor allem auf die Übersetzungstätigkeit: *„Am Lehrstuhl haben wir fünf Studiengänge (im1.Studiengang noch 11 Hörer) und somit sind unsere Lehraufträge außerordentlich hoch (ich habe 15 Stunden wöchentlich)."* [400] *„Ich habe immer viel Arbeit. Ich führe das zusammengeklebte Lehrstuhl- Latein, Französisch, Italienisch, Rumänisch, Spanisch und Arabisch- mit zusammen 19 Mitgliedern und mehr als 100 Hörern (vor allem Spanisch). Die Administration nimmt mir viel Zeit und es ist meistens fruchtlose und unangenehme Arbeit. Zur Forschungsarbeit komme ich fast nicht."* [401]

Was die Antworten Kolářs an die Briefe Okáls betrifft, im Martiner Archiv befindet sich nur der Brief vom 1.Oktober 1962, der als Antwort auf den Brief Okáls vom 27. September 1962 gilt. [402]

---

[400] SOkA, Archiv-Bestand Antonín Kolář, Sign. 143, Kart. 1.

[401] SOkA, Archiv-Bestand Antonín Kolář, Sign. 163, Kart. 1.

[402] AL SNK, Archiv-Bestand 220, Sign. B 12. Auf den Brief Okáls vom 27. September 1960 hat Kolář wahrscheinlich nicht geantwortet, da ein Jahr später Okál den Brief mit den Worten beginnt: *„Vor einem Jahr habe ich Ihnen*

Gleichzeitig geht es um den letzten aufbewahrten Brief Kolářs im Okáls Fond. Kolář dankt für den Geburtstagsglückwunsch, als auch für die Zusendung des Separates der Studie über Aristophanes und Musiker.[403] Anschließend informiert er, dass er ganz gesund ist und plant nach Prag wegen finaler Umformulierung der Handschrift seiner tschechischen Übersetzung von Diogenes Laertioszu reisen. An Okál schickt er das ausgeliehene Buch und Separat seiner neuen Studie zurück, die seine letzte geworden ist.[404] Abschließend schickt er den Gruß an Okáls Mutter und Ehefrau. Die geschüttete Handschrift deutet darauf hin, dass Kolářs Leben zu Ende geht.

In Bezug auf den Umfang und Datierung von Okáls Briefen und im Hinblick auf Kolářs Briefe in Martiner Archiv scheint es, dass zu Ende des Lebens Kolářs ihre gegenseitige Korrespondenz an Intensität verloren hat und auf ein Brief jährlich begrenzt wurde,anlässlich Kolářs Geburtstages geschrieben. Okál hat immer das bedeutendste

---

zum Geburtstag geschrieben und da ich nicht einmal zu Weihnachten ein Brief von Ihnen bekommen habe, habe ich angefangen, mir um Ihre Gesundheit Sorgen zu haben. Zum Glück sind Ihre Separate angekommen und deshalb hoffe ich, dass es mit Ihrer Gesundheit nicht so schlecht aussieht". SOkA, Archiv-Bestand Antonín Kolář, Sign. 153, Kart. 1.

[403] Okál (1962).

[404] Kolář (1962: 41 – 47).

zusammengefasst, was im vergangenen Jahr in seinem Leben passiert ist und Kolář hat dasselbe getan.

Okáls Briefe in Erbschaft von Antonín Kolář bieten notwendige Dateien an, die die bisher bekannten Feststellungen ergänzen, bzw. revidieren. Dank der genannten Briefe können wir weiter bestätigen, dass Okáls Gesuche vom 10. November 1960 über die Freilassung aus der Funktion des Lehrstuhls und des Vorsitzenden des Kabinetts für klassische Archäologie entgegengekommen ist.[405] Wie aber auch Okál selber angeführt hat, hat essich nur um die vorläufige Freilassung gehandelt, ab Juni 1961 ist er doch wieder am der Spitze des Lehrstuhls gestanden.[406] Fraglich bleibt aber weiterhin, ob er aus eigenem Willen zurückgekommen ist oder wurde er von akademischen Funktionsträgern dazu gezwungen. Außerdem kommen wird zu der Schlussfolgerung, dass Okál die abendliche Universität von Marxismus-Leninismus in den Jahren 1961 bis 1963 besucht hat, und nicht in den Jahren 1963 und 1965 wie in seiner neuen Biografie von Daniel Škoviergeschrieben, angeführt ist.[407]

Was ist zum Schluss zu bemerken? In den Archiven von Litomyšl wurde nur eine begrenzte Zahl von Okáls Briefen an Professor

---

[405]Škoviera (2013: 39 – 40).

[406] SOkA, Archiv-Bestand Antonín Kolář, Sign. 153, Kart. 1.

[407] Škoviera (2013: 44).

Antonín Kolář aufbewahrt. Sie betreffen eine kurze und mehr oder weniger finale Phase ihrer Beziehungen. Die betroffenen Briefe sind in den Jahren 1960 bis 1962 entstanden und spiegeln getreulich eine ganz einzigartige Beziehung des reifen Schülers und seines Lehrers wider. Die Informationen betreffen Okáls pädagogische und Übersetzungstätigkeit, Leitung des Fachlehrstuhls, als auch sein Privatleben. Auch aus diesem kurzen Beitrag können wir uns also ein Bild von Miloslav Okál machen, nicht nur als über den ersten Professoren der slowakischen klassischen Philologie, aber auch über einen Menschen hingerissen für seine Arbeit, treu der Antike, tief angezeigt von den Ereignissen der Zeit, die unverwischbar und lebenslang in die Privatsphäre eigegriffen haben.

Bibliographie

Aischylos. (1960). *Prikovaný Prometheus.* Preložil Miloslav Okál.

Bratislava: Dramatické vydavateľstvo.

Archiv Karls-Universität Prag, Archiv-Bestand Antonín Salač, Sign. 637,

Kart. 55.

Csáder, V. (2007). *Prof. PhDr. Antonín Kolář* (online). Veröffentlicht am

23.   01.   2007.   Verfügbar   unter:
https://www.uniba.sk/index.php?id=255

Kolář, A. (1962). Životů Diogena Láertského. *Bibliotheca classica*

orientalis, 41-47.

Literaturarchiv der Slowakischen Nationalbibliothek in Martin, Archiv-

Bestand 220 (Miloslav Okál).

Majtánová, M. (1999). Co bychom měli vědet o historii česko-

slovenských vztahu. *Almanach Českého spolku na Slovensku*.
Bratislava, 1-3.

Okál, M. (1959). Aristofanes a roľníci. *Sborník FiF UK Historica* 10, 1-

13.

Okál, M. (1960). Aristophane et l´armée athénienne. *Eirene* I, 101-

124.

Okál, M. (1962). Aristophane et les musiciens. In:*Charisteria F.*

Novotný oblata. Praha, 29-42.

Okál, M. (1964). Za prof. Antonínom Kolářom. 28. 09. 1884 – 07.06.

1963. *Listy filologické* 87, 135-139.

Oliva, P. (1963). Druhá mezinárodní konference sekce
starověkých dějin Německé historické
společnosti ve Stralsundu ve dnech 4. – 8. září 1962.
Československý časopis historický 11, 137-138.

Přednášky JKF ve školním roce 1958/1959 (1960). *Zprávy JKF* 2, Nr.

1, 38.

Přednášky JKF v roce 1960 (1962). *Zprávy JKF* 4, Nr. 1, 35.

Z prací Ústavů (1961). *Sborník prací Filosofické fakulty Brněnské university*, E6, X, 223-234.

Sofokles. (1961). *Oidipus na Kolone*. Preložil Miloslav Okál. Bratislava: Diliza.

Staatliches Kreisarchiv Zwittau mit Sitz in Litomyšl, Archiv-Bestand Antonín Kolář.

Synonymický slovník slovenčiny. (2004). Bratislava: Veda.

Šlosiarová, M. (2003). Vzťahy Miloslava Okála a českých klasických filológov na základe vzájomnej korešpondencie (vo fonde Miloslava Okála) v zbierkach Archívu literatúry a umenia Slovenskej národnej knižnice v Martine. *Sborník prací Filozofické fakulty Brněnské univerzity Studia minora Facultatis philosophicae Universitatis Brunensis* N 8, 111-122.

Škoviera, D. (2013). *Miloslav Okál. Prvý slovenský profesor klasickej filológie*. Bratislava: Univerzita Komenského v Bratislave v spolupráci s Trnavskou univerzitou v Trnave.

Špaňár, J. (1963).Prof. Dr. Antonín Kolář (1884 – 1963). *Zprávy*
JKF 5, 191-193.

Varcl, L. (1961). Akademik Antonín Salač. *Listy filologické* 84,
1-4.

Vidman, L. (1963). Konference ve Stralsundu. *Zprávy JKF* 5, 68-
69.

Die Briefen Miloslav Okáls an Antonín Kolář aus den 60er Jahre des 20. Jahrhunderts

Brief Nr. 1[408]

V Bratislave 27. sept. 1960

Slovutný pán profesor,

Čo najsrdečnejšie Vám ďakujem za separáty, ktoré ste mi pred mesiacom poslali. Som rád, že uzávery, ku ktorým ste došli vo svojej rozsiahlej štúdii o prameňoch D. L., sa vcelku nelíšia od mojich stručných uzáverov.

Ja som mal pomerne zlý rok. V marci som ležal vo Výskumnom ústave národného zdravia v Bratislave (3 týždne) a koncom augusta a začiatkom septembra som bol na liečení v Mar. Lázniach (tiež 3 týžd-

---

[408]SOkA, Archiv-Bestand Antonín Kolář, Sign. 143, Kart. 1.

ne). Nič mi nezistili, iba žalúdočnú neurózu, ale i keď nepociťujem zatiaľ nijaké bolesti, som spoločensky temer vyradený.

Aj tempo životné je príliš rýchle, príliš mnoho zodpovednosti a človek musí, žiaľbohu, spolupracovať väčšinou s nezodpovednými ľuďmi. Z toho je potom rozhorčovanie a zlý zdravotný stav.

No napriek tomu pracoval som aj ďalej. Iliada je pripravená do tlače – mám už zmluvu a ak sa zaopatrí papier, vyjde ešte v roku 1961. Zmluvu mám aj na Aristofanove Žaby – tiež by mali vyjsť v r. 1961. V zime som preložil Aischylovho Promethea – posielam Vám ho cyklostilovaného (*sic!*) a do konca roka má takto vyjsť aj Oidipus na Kolone. V Eirene I, vyšla mi štúdia o Aristofanovi a vojenstve – aj tú Vám posielam – inú mám v tlači (A. a roľníci a A. a dramatickí básnici). Okrem toho som preložil asi 700 veršov z diela humanistu Rakovského a všetky lat. a grécke verše z Lessingovho Laokoonta. Teraz sa bavím prekladaním Odysseie (2. spev) a Lukiana (mám už z neho vyše 200 strán).

Na fakulte máme všetkých päť ročníkov (v I. roč. dokonca 11 poslucháčov) a tak úväzky naše sú mimoriadne vysoké (ja mám 15 hodín týždenne). Okrem toho chodím na Večernú univerzitu marxizmu-leninizmu (každý utorok prednáška 3 hodiny a každý druhý pondelok seminár 4 hodiny). Konečne mimoškolská činnosť si vyžiada svoj čas – v spoločnosti pre šírenie polit. a ved. poznatkov – prednášam o gréckej literatúre a kultúre – 9 hodín za rok. Mám strach, či to všetko fyzicky vydržím.

Rodina mi je stále preč. Syn už chodí do 3. triedy lycea a mám z neho radosť – je najlepším žiakom.

Naposledok Vám, slovutný pán profesor, čo najsrdečnejšie blahoželám k 76. narodeninám a prajem Vám do ďalších rokov mnoho zdravia a pokoja

Miloslav Okál

Brief Nr. 2[409]

V Bratislave 27. sept. 1961

Slovutný pán profesor,

---

[409]SOkA, Archiv-Bestand Antonín Kolář, Sign. 153, Kart. 1.

Pred rokom som Vám písal k narodeninám a pretože som ani na Vianoce nedostal od Vás list, začal som mať obavy o Vaše zdravie. Našťastie prišli mi Vaše separáty a tak dúfam, že to s Vaším zdravím nebude najhoršie. Snáď som Vás tiež otrávil svojimi „boľavými" listami z posledných rokov.

No nemal som to lepšie ani za uplynulý rok. Z ohľadu na zdravotný stav a na neutešené pomery na Katedre, vzdal som sa na čas jej vedenia, no od júna t. r. ju zas vediem. Som si však vedomý, čo ma čaká v spolupráci so surovými egoistami a ľuďmi bez ľudskej cti a hrdosti.

K obhajobe doktorátu som sa dostal až v jan. 1961. Pôvodne som ju mal obhajovať 16. dec. 1960, ale jeden z oponentov (P. Oliva z Prahy) mi neprišiel (nešlo mu lietadlo) a tak sa obhajoba nekonala. Bol som z toho dojatý a preto som Vám ani nepísal k Novému roku. Pri obhajobe nemal som najľahšiu úlohu. Posudky boli síce všetky tri kladné, ale z príčin, ktoré nie sú mi známe, brnenská mladá garda (z Kat. marxizmu a histórie) organizovala proti mne komplot ešte pred mojím príchodom do Brna. Obhajoba trvala vyše 3 hodín a nakoniec dostal som 19 hlasov z 24. Jeden z tých 5, čo boli proti, sa dokonca pohoršoval nad tým, že to dávajú „cudzím". Hlavná vec, že to mám za sebou.

Prácu o Aristofanovi mi sľúbila vydať Slovenská akadémia, ale nechce sa mi tomu veriť, a preto sa ani nepúšťam do 2. dielu. Za to čoskoro mi pôjde do tlače preklad Iliady, s 50 ilustráciami od V. Hložníka. Dúfam, že na takto rok bude na knižnom trhu. Aristofanove Žaby mi mali vyjsť tohto roku a mal som už aj zmluvu. No pre nedostatok papieru najprv ich odsunuli na rok 1962 a potom vyškrtli z plánu s odôvodnením, že mi čoskoro vyjde súborný preklad Aristofana. Priznám sa, že ma toto odsunutie Žiab viac zarmútilo, ako keby mi boli odsunuli Iliadu, pretože mi na Arist. Komédiách mimoriadne záleží. Vlani v lete mi vyšiel litografický preklad Aischylovho Promethea (myslím, že som Vám ho poslal) a toho roku má vyjsť (snáď je už von) Sofoklov Oidipus na Kolóne. Na rok 1964 plánujem preklad Odysseie, ide mi dobre – už dokončujem 13. spev.

Popri pedagogickej a prekladateľskej práci chodil som na Večernú univerzitu marxizmu-leninizmu a veru ma stála mnoho času a námahy: každý utorok 2-3 hod. prednáška a každý druhý pondelok 3-4 hod. semináre. Prvý ročník mám za sebou (dial. a hist. materializmus) a teraz sme začali Politickú ekonómiu. Škola potrvá 3 roky. V Prahe som bol na pohrebe Salačovi a v Brne okrem na vlastnej obhajobe aj na Hoškovej obhajobe kand. práce ako oponent. 26. okt. mám prednášať v Prahe v Jednote Klas. filol. na tému Aristof. postoj k Euripidovi.

V lete som mal ísť do Francie s Čedokom, no nedali mi povolenie a syn sa nadarmo tešil na stretnutie s otcom. A bol by si to veru zaslúžil. Hoci je o 3-4 roky mladší od svojich spolužiakov, je najlepším žiakom v triede. Už mi píše listy aj po rusky. Aj keď ho nemám pri sebe, mám z neho radosť.

Ku dňu Vašich 77. narodenín Vám, slovutný pán profesor, srdečne blahoželám a do ďalších rokov Vám želám mnoho zdravia a úspechov, aby ste sa konečne dočkali Vášho prekladu D. L.

Váš oddaný

Miloslav Okál

Brief Nr. 3[410]

V Bratislave 27. sept. 1962

Slovutný pán profesor!

---

[410]SOkA, Archiv-Bestand Antonín Kolář, Sign. 163, Kart. 1.

Dovoľte mi, aby som Vám čo najsrdečnejšie blahoželal k Vašim 78. narodeninám a želal Vám do ďalších rokov hojne zdravia a šťastia.

Ja mám stále mnoho práce. Vediem pozliepanú Katedru – latinčina, francúzština, taliančina, rumunčina, španielčina a arabčina – majúcu spolu 19 členov a vyše 100 poslucháčov (najmä španielčina). Administrovanie mi zaberá veľa času a je to zväčša neplodná a nepríjemná práca. K vlastnej vedeckej práci sa temer nedostávam, zato hodne som prekladal a Odysseu mám zhruba hotovú. V júni a septembri previedol som korektúry Iliady. Už je v tlači a dúfam, že Vám ju budem môcť poslať ešte pred Vianocami.

Začiatkom septembra bol som v Nemecku, na konferencii klas. filológov v Stralsunde. Z ČSSR nás bolo 19, všetko mladí. Na spiatočnej ceste zastavil som sa v Berlíne kvôli antikvariátom, ale tam je toho menej ako v Prahe alebo dokonca u nás v Bratislave.

PripojeneVám posielam separát svojej štúdie o Aristofanovom postoji k hudobníkom.

Od prof. Ludvikovského nemám už dlhšie nijakú správu. Do Brna chodím síce často, ale nemám na neho šťastie; je temer vždy na liečení.

Srdečne Vás a Vašu pani manželku zdraví Váš oddaný

Miloslav Okál.

Zeitfracht Medien GmbH
Ferdinand-Jühlke-Straße 7
99095 Erfurt, Deutschland
produktsicherheit@kolibri360.de